# 数字赋能

## 历史教学的新视野

关荣 著

国文出版社
·北京·

**图书在版编目（CIP）数据**

数字赋能历史教学的新视野 ／ 关荣著. -- 北京 ：
国文出版社，2025. -- ISBN 978-7-5125-2092-9

Ⅰ．G633.512-39

中国国家版本馆CIP数据核字第2025QC9761号

## 数字赋能历史教学的新视野

| | |
|---|---|
| **著　　者** | 关　荣 |
| **责任编辑** | 罗敬夫 |
| **策划编辑** | 凌　翔 |
| **责任校对** | 陈一文 |
| **装帧设计** | 邓小林 |
| **出版发行** | 国文出版社 |
| **经　　销** | 全国新华书店 |
| **印　　刷** | 三河市中晟雅豪印务有限公司 |
| **开　　本** | 787毫米×1092毫米　　　　16开 |
| | 13印张　　　　　　　　　150千字 |
| **版　　次** | 2025年8月第1版 |
| | 2025年8月第1次印刷 |
| **书　　号** | ISBN 978-7-5125-2092-9 |
| **定　　价** | 55.00元 |

国文出版社
北京市朝阳区东土城路乙 9 号　　邮编：100013
总编室：（010）64270995　　传真：（010）64270995
销售热线：（010）64271187
传真：（010）64271187-800
E-mail：icpc@95777.sina.net

# 前　言

在数字技术以前所未有的力量深刻重构教育生态的当下，历史教学正伫立在传统与创新交汇的十字路口。随着《北京市教育领域人工智能应用工作方案》和《北京市教育领域人工智能应用指南》的相继出台，首都教育系统正式吹响了以人工智能深度赋能教育变革的号角。这两份纲领性文件不仅为教育数字化转型锚定了战略方向，更通过"2025年建成100所人工智能应用场景标杆学校""2027年实现教育领域AI应用规模化、系统化、常态化"的清晰目标，勾勒出技术驱动教育高质量发展的全景蓝图。北京市明确提出，要以"人工智能＋教育"标杆应用工程为核心抓手，构建"教育教学创新与技术创新双向突破"的良性机制，通过场景开放反哺技术迭代，以教育需求驱动AI研发，为学科教学与育人模式的革新注入澎湃动能。

历史学科，作为人类文明的忠实记录者和传承者，肩负着培育学生时空观念、史料实证能力、历史解释思维以及家国情怀的重大使命。然而，面对浩瀚如烟的历史长卷与复杂多维的核心素养目标，传统教学往往受限于资源整合效率低、时空场景还原难、个性化学习支持不足等痛点。《北京市教育领域人工智能应用工作方案》中提出的"构建教育领域人工智能大模型训练数据集""搭建AI教研大平台""开发智能学伴与AI导师"等举措，为破解这些难题提供了系统性方案。以初中"古代丝绸之路"项目为例，学生依托 DeepSeek 平台接入全球数字档案库，对敦煌壁画中的飞天纹饰与波斯细密画的几何构图进行像素级比对，借助 AI 图像分析技术量化艺术交融程度；通过虚拟现实模块，学生更可化身粟特商人，在黄沙漫天的楼兰古城中与虚拟历史人物对话，从驼队贸易的细节中解码跨文明的对话。这一实践不仅呼应了《方案》中"跨学科、跨层次教育生态重构"的核心理念，更生动诠释了"五育空间"的拓展如何让历史学习突破课堂边界，在沉浸式体验中深化文化认同。

数字赋能历史教学的终极目标，始终紧扣"培养什么人、怎样培养人、为谁培养人"这一根本命题。《北京市教育领域人工智能应用指南》明确指出，"人工智能教育是创新人才培养的重要载体"，要求构建从小学到高中的贯通式培养体系：小学阶段通过 AI 互动游戏启蒙历史时序思维，让学生在虚拟考古挖掘中感知文明脉络；初中阶段依托智能学伴系统实现个性化学习路径规划，引导学生在"数字孪生"场景中探究历史事件的因果链；高中阶段则聚焦 AI 伦理与治理，鼓励学生运用自然语言处理技术解析多语种史料，通过情感倾向分析揭示历史叙事的多元视角。以高中"郑和下西洋的数字重探"项目为例，学生不仅借助地理信息系统精准还原航海路线与季风规律，更通过 AI 情感分析模型对比《明实录》与《马可·波罗游记》中对海上贸易的表述差异，在数据建模中解构"朝贡体系"的复杂性。这些实践正是《指南》所倡导的"以场景开放助推技术创新"的缩影——当增强现实技术让三星堆青铜神树"复苏"并演绎祭祀仪轨，当代码编程重构楚汉争霸的兵力调度模型，技术便成为"史料实证"的脚手架、"历史解释"的多棱镜，最终培育出兼具批判性思维、文化自信与数字素养的时代新人。

　　本书不仅是对数字教育前沿的探索与记录，更是对历史育人本质的深情回归。从北京市91所智慧校园示范校的"校园大脑"建设，到课间机器人以"运动伙伴""知识助手"双重角色激活课间育人场景；从元宇宙空间中复原雅典卫城供学生模拟公民辩论，到运用流体力学仿真验证明代宝船设计的科学性，每一处创新实践都深刻呼应《方案》中"教育新质生产力"的内涵——技术绝非冰冷工具，而是人文价值的放大器。正如《指南》所强调的"人工智能教育必须坚持五育并举"，历史教学的数字化转型同样需要平衡技术理性与人文温度：在算法解析史料的同时，守护对历史情境的共情能力；在虚拟场景中重走丝绸之路时，不忘追问文明互鉴的当代意义。这种"科技向善"的理念，正是首都教育"以人工智能深度应用构建更智能、更个性化教育体系"的核心要义。

　　展望未来，随着《北京市教育领域人工智能应用工作方案》中"教育垂直领域专用大模型""AI测试场"等基础设施的落地，历史教学将迎来更广阔的创新空间。想象一所标杆学校的"历史数字实验室"：AI助教基于学情数据自动生成分层教学设计，VR档案馆支持学生调阅全球珍本史料，区块链技术确保历史数据链的不可篡改性，而跨校联动的"数字文明共同体"项目则让学生与海外同龄人协作还原海上丝绸之路的贸易网络……这些场景并非幻想，而是首都教育正在绘制的现实图景。本书期待通过翔实的案例解析与策略建议，为教育工作者提供可操作的转型方案，更希望激发对历史教育本质的深层思考——在算法与数据主导的时代，我们比任何时候都需坚守"立德树人"的初心，让技术成为连接过去与未来的桥梁，让年轻一代在数字与人文的交响中，真正读懂"我们从何处来，向何处去"的永恒命题，为民族复兴锻造兼具历史智慧与创新魄力的接班人。

作者

2025年2月

# 目 录

# 第一章　数字赋能的背景与意义

21世纪，数字技术的迅猛发展给教育领域带来了深刻的变革。特别是在中学历史教学中，数字赋能不仅改变了教学的方式，还重新定义了学习的内容和过程。通过对数字工具的运用，历史教学不再局限于传统的课堂讲授，而是通过数字赋能，呈现出更加多元化和互动性的特点。

## 第一节 数字技术的飞速发展历程与教育变革的渊源

### 表1 技术代际图谱：从ENIAC到元宇宙

| 代际 | 核心技术 | 历史教学应用场景 |
| --- | --- | --- |
| 1940s-1970s | 大型计算机 | 历史数据库雏形（如美国国会图书馆早期数字化项目） |
| 1980s-2000s | 个人电脑／互联网 | 多媒体课件制作、在线资源检索（JSTOR早期接入） |
| 2010s-2020s | 移动互联网／AI | 智能问答系统（如IBM Watson分析《史记》）、AR历史地图 |
| 2020s- | 元宇宙／脑机接口 | 全息历史场景重建（如明故宫数字孪生体） |

在人类文明的广袤进程中，科技始终是推动社会持续进步的核心力量。而于当今时代，数字技术的蓬勃兴起正以前所未有的影响力重塑着

人们生活、工作与学习的模式。

数字技术的根源可追溯至远古时期简单的计数系统以及算盘等基础工具的运用。然而，现代意义上具有革命性的数字技术变革则起始于20世纪中叶。1946年，世界上首台电子计算机ENIAC（Electronic Numerical Integrator And Computer）在美国宾夕法尼亚大学诞生。ENIAC的诞生无疑是一座具有划时代意义的里程碑。它的出现，彻底改变了人类的计算方式，为现代信息技术的发展奠定了坚实的基础。

20世纪中叶，正值第二次世界大战的关键时期，军事领域对复杂计算的需求急剧增长。传统的计算工具，如算盘、机械计算器等，已经无法满足诸如火炮弹道计算、密码破译等高强度、高精度的计算任务。为了满足战争的迫切需要，美国陆军军械部委托宾夕法尼亚大学莫尔电机工程学院研制一种新型的计算设备，这便是ENIAC诞生的契机。

1943年，由物理学家约翰·莫克利（John Mauchly）和工程师普雷斯伯·埃克特（J.Presper Eckert）领衔的科研团队正式开启了ENIAC的研发之旅。在研发过程中，团队面临着诸多前所未有的挑战，如电子元件的选择、电路设计的优化、程序编写的创新等。经过三年的艰苦努力，1946年2月14日，世界上第一台电子计算机ENIAC终于在宾夕法尼亚大学宣告诞生。

ENIAC堪称一个庞然大物，它占地面积达170平方米，重达30吨，内部包含了17468个电子管、7200个晶体二极管、1500个继电器、6000多个开关，以及数万个电阻、电容等元件。其运算速度相较于当时的其他计算设备有了质的飞跃，每秒能够进行5000次加法运算或400次乘法运算。然而，它也存在一些明显的缺点，如耗电量巨大，每小时耗电约174千瓦；存储容量有限，只能存储20个10位的十进制数；编程方式也较为繁琐，需要通过插拔电缆和设置开关来实现程序的输入和修改。

ENIAC的诞生，标志着人类进入了电子计算机时代。它的出现，不仅在军事领域发挥了重要作用，为战争的胜利提供了有力支持；同时也在科学研究、工程设计、商业计算等众多领域展现出了巨大的潜力。它彻底革新了人类处理信息的方式，使得复杂的计算任务能够在短时间内完成，大大提高了工作效率。更为重要的是，ENIAC的成功研制，为后续计算机技术的发展提供了宝贵的经验和技术基础，激发了全球范围内对计算机技术的研究和创新热情，推动了计算机技术的飞速发展。

在教育领域，ENIAC的诞生同样具有深远的影响。它为教育数字化发展埋下了伏笔，开启了利用计算机辅助教学的先河。尽管它在今天看来显得十分原始和落后，但它所开创的数字时代却深刻地影响了人类的生活。

当时，ENIAC被应用于军事领域和科学计算领域。

比如在火炮弹道计算方面，在战争时期，精准打击目标是克敌制胜的关键因素之一。传统的计算方式难以快速且精确地计算出炮弹发射时所需的各种参数，如炮弹的飞行轨迹、落点位置、发射角度和力度等。ENIAC的出现则完美解决了这一难题，它能够依据不同的地形、气象条件以及炮弹的种类等多方面因素，快速计算出最为准确的射击参数。

再比如在密码破译方面，加密和解密情报在军事对抗中至关重要。敌方的加密信息往往包含重要的军事战略、兵力部署、行动时间等关键情报。ENIAC凭借强大的计算能力，能够对各种复杂的加密算法进行分析和破解。在第二次世界大战期间，盟军利用ENIAC成功破译了纳粹德国的一些重要密码，获取了关键情报，对战争的局势扭转起到了重要作用，帮助盟军提前制定应对策略，掌握战场主动权。

在科学计算领域，ENIAC被应用于核能研究、天文学研究。核能研究需要对大量复杂的物理数据进行计算和模拟。例如，在核反应堆的设计和运行过程中，科学家需要精确计算核反应的过程、能量释放、辐射剂量等。ENIAC能够承担起这些复杂的计算任务，帮助科学家更好地理解核物理现象，推动核能技术的发展，使得人类在核能利用领域迈出了重要一步，为后续核电站的建设和核武器的研发提供了数据支持。

天文学研究涉及对浩瀚宇宙中天体的运动轨迹、引力相互作用、星系演化等复杂现象的探索。ENIAC能够处理大量的天文观测数据，通过模拟计算来预测天体的运动和变化。比如，通过计算机模拟星系的演化过程，科学家可以更好地理解宇宙的形成和发展规律，发现新的天体现象，为天文学研究开辟了新的道路，加深了人类对宇宙的认知。

科技的车轮滚滚向前，随着时间的推移，计算机技术不断取得突破。到了20世纪60年代和70年代，集成电路的发明成为计算机发展史上的关键里程碑。这一创新成果使得计算机的体积显著缩小，成本大幅降低，而可靠性与运算速度却得到了极大提升。计算机开始逐渐走出军事与科研的狭小天地，迈向商业和工业领域，为企业的管理运营和生产制造提供了前所未有的高效工具。尽管在这一时期，计算机在教育领域尚未得到广泛普及，但它所积累的技术成果已经为日后数字化教育的兴起储备了必要的技术条件。

20世纪80年代，个人计算机（PC）的出现如同一颗璀璨的流星，彻底改变了人们与数字技术的互动方式。苹果公司的Macintosh和IBM的PC等标志性产品的推出，使计算机不再是少数专业精英的专属物，而是迅速走进了普通家庭和办公场所，成为大众触手可及的日常工具。个人计算机的普及犹如一阵强劲的东风，极大地推动了数字技术的全方位发展。各类丰富多样的软件和应用程序如雨后春笋般蓬勃涌现，它们涵盖了办公、娱乐、学习等诸多领域，为人们的生活和工作带来了前所未有的便捷体验。

在教育领域，个人计算机的普及带来了一系列微妙而深刻的变化。对于教师而言，文字处理软件的出现让教案和教学资料的编写变得轻松自如。他们不再局限于传统的纸笔书写方式，而是能够利用计算机快速、高效地创作、修改和整理教学文档，大大提高了教学准备工作的效率和质量。对于学生来说，计算机成了他们开展学习研究和论文撰写的得力助手。借助计算机强大的信息存储和检索功能，学生可以更便捷地获取各种知识资源，拓宽学习视野，深入探索感兴趣的学科领域。

与此同时，互联网的诞生更是为教育变革开辟了一片广阔无垠的新天地。在当今社会，互联网已经如同空气和水一样，成为人们生活中不可或缺的一部分。它连接着世界各地的人们，让信息得以瞬间传递，极大地改变了人类的生活、工作和交流方式。然而，互联网的诞生并非一蹴而就，而是经历了一个漫长而曲折的发展过程。

互联网的起源可以追溯到20世纪中叶的冷战时期。当时，美国国防部为了应对可能的核打击，担心传统的通信网络在遭受攻击后会全面瘫痪，从而导致军事指挥系统陷入混乱。于是，1969年，美国国防部高级研究计划局（ARPA）启动了一名为"阿帕网"（ARPANET）的项目。ARPANET的最初目的是将美国的几所顶尖大学和研究机构的计算机连接起来，实现资源共享和信息交换，以便在战争时期能够保持军事指挥的连续性。

ARPANET的诞生是互联网发展历程中的第一个重要里程碑。在项目初期，只有四台计算机实现了连接，分别位于加州大学洛杉矶分校、斯坦福研究院、加州大学圣巴巴拉分校和犹他大学。这四台计算机通过一种名为"分组交换"的技术进行通信，即将数据分割成一个个小的数据包，然后通过不同的路径传输到目的地，最后再重新组装成完整的数据。这种技术大大提高了通信的可靠性和效率，为互联网的发展奠定了基础。

随着时间的推移，ARPANET逐渐扩大，连接的计算机数量不断增多。同时，其他国家和地区也开始纷纷建立自己的计算机网络，并尝试与ARPANET进行连接。在这个过程中，出现了许多关键的技术和协议，其中最为重要的当属TCP/IP协议。TCP/IP协议是一种网络通信协议，它定义了计算机在网络中如何进行数据传输和通信。

1983年，ARPANET全面采用TCP/IP协议，这标志着互联网的真正诞生。从此，不同类型的计算机网络可以通过TCP/IP协议相互连接，形成了一个全球性的网络，也就是我们现在所说的互联网。

在互联网诞生的过程中，有许多重要的人物和组织发挥了关键作用。除了美国国防部高级研究计划局（ARPA）之外，还有许多计算机科学家和工程师为互联网的发展作出了巨大贡献。例如，文顿·瑟夫（Vinton Cerf）和罗伯特·卡恩（Robert Kahn）被公认为是"互联网之父"，他们共同设计了TCP/IP协议，为互联网的发展奠定了技术基础。

20世纪80年代末，互联网已经有了一定规模，但信息的获取和共享仍存在诸多不便。不同计算机系统之间的数据格式和访问方式各不相同，用户需要掌握复杂的命令和程序才能在网络中查找和获取信息。1989年，在欧洲核子研究中心（CERN）工作的英国科学家蒂姆·伯纳斯–李（Tim Berners-Lee）提出了一个革命性的项目构想——万维网（World Wide Web），使得互联网上的信息能够以更加直观和便捷的方式呈现给用户，极大地推动了互联网的普及和应用。他的初衷是方便研究人员之间共享和交流科研信息。这套全新的系统，包含三个关键要素：统一资源定位符（URL）、超文本传输协议（HTTP）和超文本标记语言（HTML）。URL为网络上的每一个资源分配了一个唯一的地址，就像是现实世界中的门牌号，使得用户能够精准定位到特定的信息。HTTP则规定了浏览器和服务器之间如何进行数据传输和交互，保障信息能够准确无误地在网络中传递。HTML用于创建和格式化网页内容，通过超链接的方式将不同的网页和信息连接在一起，用户只需点击链接，就能轻松跳转到相关内容，实现了信息的自由穿梭。

1990年，蒂姆·伯纳斯–李成功开发出世界上第一个网页浏览器和服务器，这是万维网诞生的标志性事件。最初的网页非常简单，仅包含文本和少量的超链接，但它却开启了一个全新的信息时代。1991年，万维网向公众开放，迅速引发了全球范围内的关注和使用热潮。

万维网的出现彻底改变了人们获取和共享信息的方式。它将原本分散在世界各地的信息整合在一起，形成了一个庞大的信息网络。普通用户无需具备专业的计算机知识，只需通过简单的鼠标点击操作，就能在浩瀚的信息海洋中畅游。在商业领域，万维网催生了电子商务的兴起，企业可以通过网站展示产品、开展在线销售，打破了地域限制，拓展了市场空间。在文化传播方面，各种文化、艺术、学术资源通过网页得以广泛传播，促进了不同文化之间的交流与融合。

在互联网蓬勃发展的进程中，电子邮件的诞生为人们的信息交流带来了颠覆性变革，它的出现并非偶然，而是技术逐步演进与实际需求共同作用的结果。

20世纪60年代末，随着ARPANET的初步建立，计算机之间的通信成为现实，但当时的通信方式主要是基于文件传输。1971年，一位在美国国防承包公司工作的计算机工程师雷·汤姆林森（Ray Tomlinson）迎来了改变世界通信方式的契机。他需要一种能够在不同计算机用户之间实现简单、快速信息传递的方法。在研究过程中，汤姆林森注意到当时已有的文件传输协议（FTP）和网络工具，受到启发，他对已有的技术进行了创新组合。他编写了一个名为SNDMSG（发送消息）的程序，这便是电子邮件的雏形。这个程序允许用户在同一台计算机上不同的用户账号之间发送简短的文本消息。但真正让电子邮件走向实用化的关键一步，是汤姆林森引入了"@"符号。他认为需要一个特殊符号来区分用户名和计算机名，"@"符号恰好简洁且具有辨识度，它既能表示"在……上"的含义，又从未在其他计算机命令中使用过，于是这个符号就成为电子邮件地址中不可或缺的一部分，也标志着电子邮件系统的基本架构初步形成。

最初的电子邮件只能发送简单的文本信息，功能非常有限。但随着ARPANET网络的不断扩展，电子邮件的优势逐渐凸显。它打破了传统通信方式在时间和空间上的限制，信息能够在瞬间跨越千山万水，用户无需像传统信件那样等待数天甚至数周才能收到回复。

随着互联网技术的持续进步，电子邮件也在不断进化。20世纪80年代，邮件服务器的出现使得电子邮件可以在不同的网络之间进行传输，进一步扩大了电子邮件的应用范围。同时，邮件客户端软件不断完善，用户界面更加友好，功能也日益丰富，如支持附件发送、邮件分类管理等。到了90年代，随着互联网的商业化和普及，电子邮件成了人们日常生活和工作中不可或缺的通信工具，无论是个人之间的交流，还是企业内部的沟通协作，电子邮件都发挥着至关重要的作用。

随着技术的不断演进和社会需求的增长，互联网逐渐向商业和民用领域敞开大门，其用户数量呈指数级增长。互联网的出现打破了时间与空间的重重枷锁，使信息能够在全球范围内以惊人的速度传递和共享。

互联网的诞生对人类社会产生了深远的影响。它打破了时间和空间的限制，让人们可以随时随地获取信息、进行交流和开展业务。在经济领域，互联网催生了电子商务、在线支付、共享经济等新兴商业模式，推动了全球经济的发展和变革。在文化领域，互联网促进了不同文化之间的交流和融合，让人们可以更加便捷地了解和欣赏世界各地的文化艺术。在教育领域，互联网为远程教育、在线学习等提供了平台，使得教育资源更加公平地分配，让更多的人有机会接受优质的教育。

在教育应用方面，电子邮件的兴起让师生之间、学生之间的交流互动变得前所未有的便捷高效。教师可以通过电子邮件迅速地布置作业任务、解答学生的疑问困惑，及时给予学习指导和反馈。学生则能够利用电子邮件与同学自由地讨论学术问题、分享学习心得和体会，促进知识的交流与思想的碰撞。而万维网（WWW）的诞生则是教育变革的又一重大突破。它为教师和学生提供了一个通往海量信息宝库的大门，通过浏览器，他们可以轻松访问各种类型的教育网站，获取丰富多元的教学资源，包括文字资料、图片、视频等。在线课程平台的出现更是让学习不再受限于传统的课堂时间和空间，学生可以根据自己的学习进度和需求，自主选择课程进行学习，实现个性化的学习路径。虚拟图书馆的建立则极大地扩充了学生的阅读资源，无论是珍稀古籍还是最新的学术著作，都能在虚拟空间中轻松获取，为学生的学术研究和知识拓展提供了坚实的支撑。

进入21世纪，移动通信技术迎来了爆发式增长，移动互联网随之崛起并迅速成为数字技术领域的新焦点。智能手机、平板电脑等移动设备如潮水般涌入人们的生活，其便捷性使得人们能够随时随地接入互联网，尽情享受数字技术带来的丰富便利。移动互联网的蓬勃发展不仅深刻改变了人们的日常生活方式，如社交、购物、娱乐等，也在教育领域掀起了一股创新的热潮，为教育变革带来了新的活力与机遇。

智能手机和平板电脑等智能设备凭借其强大的计算能力和丰富多样的应用程序，为用户提供了高度个性化的服务体验。在教育方面，学生可以借助专门的学习类APP随时随地开启学习之旅，无论是在公交车上、公园里还是家中的沙发上，都能轻松获取历史、数学、语言等各学科的知识内容。这些APP不仅提供了丰富的学习资料，还配备了互动测试、游戏化学习等功能，能够有效激发学生的学习兴趣和积极性，使学习过程变得更加生动有趣、富有成效。

移动互联网的兴起还促进了云计算、大数据等新兴技术在教育领域的广泛应用，进一步拓展了教育创新的空间。云计算技术为教育资源的存储和共享提供了高效、便捷的解决方案，学校和教育机构无需再为大量的教学数据和资源存储而烦恼，可以将其存储在云端服务器上，随时随地进行访问和管理。大数据技术则为教育决策提供了有力的数据支持，通过对学生学习行为和学习数据的深入分析，教育工作者可以精准地了解学生的学习情况和需求，发现学生在学习过程中存在的问题和困难，从而有针对性地调整教学策略、优化教学内容，提高教学效果。例如，通过分析学生在在线学习平台上的学习时长、答题正确率、课程点击偏好等数据，教师可以判断学生对知识点的掌握程度，为学习困难的学生提供个性化的辅导和支持，为学有余力的学生推荐更具挑战性的学习资源。

在教学实践中，教师可以充分利用移动互联网和智能设备开展形式多样的移动教学活动。例如，通过微信公众号、微博等社交媒体平台，教师可以定期发布教学资料、学习任务、知识点讲解等内容，学生则可以利用手机在碎片化时间内进行学习和反馈，及时与教师进行互动交流。这种移动教学模式打破了传统课堂教学的时间和空间限制，使学习成为一种无处不在、随时可进行的活动。此外，虚拟现实（VR）、增强现实（AR）等前沿技术在移动设备上的应用，更是为学生带来了沉浸式的学习体验。学生可以通过佩戴虚拟现实头盔或使用手机APP，"穿越时空"，身临其境地感受历史事件的波澜壮阔、自然科学的神奇奥秘、文学艺术的独特魅力。例如，在历史学习中，学生可以"走进"古代战场，亲眼目睹战争的硝烟弥漫；在地理学习中，学生可以"亲临"世界各地的名胜古迹、自然奇观，直观地了解地理环境和地貌特征；在艺术学习中，学生可以"置身"于艺术展览现场，近距离欣赏大师的杰作，受到艺术的熏陶和感染。

如今，数字技术在教育领域的应用已经取得了令人瞩目的显著成果。在线课程平台、虚拟图书馆、教育类APP等丰富多样的数字资源为学生提供了海量的学习内容和多元化的学习方式，使学习不再局限于传统的教材和课堂教学。同时，数字技术也为教师提供了更多创新的教学工具和丰富的教学资源，如多媒体课件制作软件、在线教学管理平台等，助力教师更好地开展教学活动，提升教学质量和效率。

## 第二节　数字赋能的详细概念阐释及其在历史教学中的具体应用方式

表2 数字赋能历史教学关键转折点

| 1973 年 TCP/IP 协议诞生 | 全球史料共享成为可能 |
|---|---|
| 1994 年 | 中国全功能接入互联网 |
| 2012 年 | 深度学习突破，Google Deep Mind 复原玛雅文字，AI 解决历史学界的百年争议 |

数字技术是一种利用数字信号来处理、存储、传输和呈现信息的技术，涵盖了从数字的生成、表示到各种基于数字的操作和应用的广泛领域。数字技术将信息转化为由0和1组成的二进制代码进行处理。所有的文字、图像、声音等信息都可以通过特定的编码方式转换为数字信号，计算机等数字设备能够快速、准确地对这些数字信号进行运算、存储和传输，然后再将处理后的数字信号还原为人们可以理解的信息形式。

数字编码与解码是数字技术的基础，通过特定的编码规则，将各种形式的信息转换为数字代码，以便数字设备进行处理。在需要使用信息时，再通过解码将数字代码还原为原始的信息形式。例如，在图像领域，常见的JPEG编码就是将图像信息转换为数字代码存储，在显示图像时再进行解码。

数字信号处理包括对数字信号进行滤波、变换、压缩等操作，以提高信号的质量、减少数据量等。例如，在音频处理中，通过数字信号处理技术可以去除噪音、调整音量、进行音效增强等。

数字存储技术用于将数字信息存储在各种介质上，如硬盘、固态硬盘、光盘、U盘等。随着技术的发展，存储容量不断增大，存储速度也不断提高，能够满足人们对大量数据存储的需求。

数字传输技术负责将数字信号在不同的设备之间进行传输，如互联网、蓝牙、Wi-Fi等都是常见的数字传输技术。这些技术通过不同的传输介质和协议，实现了数字信息的快速、准确传输。

数字计算技术利用计算机等设备对数字信息进行各种运算和处理，包括算术运算、逻辑运算等。从简单的计算器应用到复杂的科学计算、人工智能算法，都依赖于强大的数字计算技术。

数字技术实现了高速、高效的信息传输，如4G、5G网络，使得人们能够快速地进行语音通话、视频聊天、数据下载等操作，是计算机运行的基础，从操作系统到各种软件应用，都依靠数字技术进行数据处理和运算。数字技术在智能手机、平板电脑、数字电视等设备中广泛应用，为用户提供了丰富的多媒体体验。同时数字技术用于工业自动化控制、生产过程监控、质量检测等方面，提高了生产效率和产品质量，数字技术支持网上银行、移动支付、证券交易等业务，实现了金融交易的数字化和便捷化。

数字技术是当今时代推动各领域变革的关键力量，它依托计算机、网络、通信等先进手段，对信息进行全方位的数字化处理、存储、传输与应用，从而构建起一个庞大而复杂的技术生态系统。

大数据技术作为数字技术的重要分支，具备强大的数据处理能力。大数据技术是指从各种各样类型的海量数据中，快速获取有价值信息的一系列技术和方法的总称，主要技术内容包括从多种数据源收集数据，包括传感器、网站日志、社交媒体、数据库等，如网络爬虫技术，可自动从网页中抓取数据；物联网传感器能实时采集环境、设备等数据。面对海量数据，大数据技术需使用分布式文件系统和非关系型数据库等技术，像Hadoop分布式文件系统（HDFS），可将数据分散存储在多个节点上，提供高可靠性和高扩展性；Cassandra等非关系型数据库，能灵活处理非结构化和半结构化数据。

大数据技术应用于历史教学中，能够从海量、多样且高速增长的历史教学相关数据中，挖掘出有价值的信息。这些数据涵盖学生学习行为的点点滴滴，如在数字教材或学习平台上的每一次点击、每一次停留时间、每一次答题记录等，以及丰富的历史知识资源数据，包括历史文献的数字化文本、历史文物的数字化图像与描述、各类历史学术研究成果的电子数据等。通过对这些数据的收集、整理与深度分析，大数据技术可以为教学决策提供科学依据，如帮助教师了解学生的学习进度、知识掌握程度、兴趣偏好等，从而使教学策略的制定更具针对性。

人工智能技术为数字世界注入了智慧元素，是一门计算机科学、控制论、信息论、神经生理学、心理学、语言学、哲学等多种学科互相渗透而发展起来的交叉学科，旨在让机器模拟人类的智能行为，具备感知、学习、推理、决策等能力。它的核心技术为机器学习，致力于让计算机通过数据学习规律，从而实现对未知数据的预测和决策，包括监督学习（如利用标记数据训练模型进行分类和回归任务）、无监督学习（如对未标记数据进行聚类分析）、强化学习（智能体通过与环境交互，根据奖励信号学习最优行为策略）等多种学习方式。

同时通过自然语言处理，使计算机能够理解、处理和生成人类语言。涵盖语言的词法分析、句法分析、语义理解、文本生成、机器翻译等任务。例如，智能语音助手能够理解人类的语音指令并进行相应回答和操作。

通过计算机视觉，让计算机具备"看"的能力，能够识别和理解图像、视频中的内容，包括图像识别（如人脸识别、物体识别）、目标检测、图像分割、视频理解等技术，在安防监控、自动驾驶、医疗影像诊断等领域有广泛应用。

通过知识表示与推理，将人类的知识以计算机可处理的形式表示出来，并进行推理和决策，如利用本体论、语义网等技术构建知识图谱，使计算机能够基于知识进行推理和回答问题。

通过机器人技术，融合机械工程、电子技术、控制理论等多学科知识，使机器人能够自主地完成各种任务。机器人不仅要有机械结构和运动能力，还需要具备感知环境、规划路径、与人类交互等智能能力。

人工智能系统能够在一定程度上自主地进行学习、决策和行动，无需人类的实时干预。例如，自动驾驶汽车可以根据路况和交通信号自主决策行驶速度和路径，具有从数据和经验中学习的能力，能够不断优化自身的性能和行为模式。随着数据量的增加和学习的深入，人工智能模型的准确性和智能水平会不断提高，可以适应不同的环境和任务需求，通过调整自身的参数和策略来应对各种变化。例如，智能机器人能够在不同的工作场景中完成任务，根据环境的变化调整动作和行为。能够与人类和其他智能体进行交互，理解人类的语言、表情、动作等信息，并作出相应的反应，如智能客服可以与用户进行文字或语音交互，解答用户的问题。

在历史教学领域，人工智能系统可用于开发智能教学辅助系统，其中智能历史问答机器人是典型应用之一。这类机器人借助自然语言处理技术与深度学习算法，能够理解学生提出的关于历史知识的各种问题，并迅速从其庞大的知识数据库中检索出准确、详细且有条理的答案。无论是古代历史中晦涩难懂的文化现象，还是近现代历史中错综复杂的政治事件，智能问答机器人都能给予清晰的解答，如同一位随时陪伴在学生身边的历史专家，满足学生的求知欲，激发他们对历史学习的兴趣。

如今最受欢迎的就是虚拟现实（VR）与增强现实（AR）技术，它们为人们带来了全新的感官体验与交互方式。

虚拟现实（VR）技术是一种可以创建和体验虚拟世界的计算机仿真技术，它利用计算机生成一种模拟环境，是一种多源信息融合的、交互式的三维动态视景和实体行为的系统仿真，使用户沉浸到该环境中。它通过3D建模软件等工具，构建虚拟环境中的各种物体、场景等，使其具有逼真的外观和物理属性。借助头戴式显示器（HMD）等设备，为用户提供高分辨率、大视场角的沉浸式视觉体验，如OculusRift、HTCVive等。它利用传感器实时跟踪用户的头部、手部等动作，使虚拟场景能够根据用户的视角和动作变化而实时更新，常见的有光学跟踪、惯性跟踪等技术。用户可通过手柄、数据手套等输入设备与虚拟环境中的物体进行交互，如抓取、移动虚拟物体等。还可以创建虚拟的教学场景，如虚拟实验室、历史场景重现等，帮助学生更好地理解和掌握知识。设计师可利用VR技术创建虚拟的建筑模型，让客户提前体验建筑的内部空间和外观效果，进行方案的修改和优化。

增强现实（AR）技术是一种将虚拟信息与真实世界巧妙融合的技术，它利用计算机技术生成的文字、图像、三维模型、音乐、视频等虚拟信息模拟仿真后，应用到真实世界中，两种信息互为补充，从而实现对真实世界的"增强"。增强现实（AR）技术，实现虚拟信息与真实世界的精确匹配和定位，确保虚拟物体能够准确地放置在真实场景中合适的位置，如基于计算机视觉的特征匹配算法等。除了头戴式显示设备外，还可以通过手机、平板电脑等移动设备的屏幕进行显示，将虚拟信息叠加在摄像头拍摄的真实场景上。用户可以通过触摸屏幕、手势识别、语音控制等方式与虚拟信息进行交互，如在手机上通过触摸操作旋转、缩放虚拟物体。维修人员通过AR眼镜查看设备的虚拟维修手册、操作步骤等信息，提高维修效率和准确性。游客在参观古迹、博物馆时，通过手机或AR设备可以看到古迹的虚拟复原场景、文物的三维模型和相关介绍信息。VR技术和AR技术通过创建高度逼真的虚拟环境，使用户完全沉浸其中。在历史教学中，它能够突破时间与空间的限制，将学生带入特定的历史场景。

多媒体技术是信息传播的多面手，它将文字、图像、音频、视频等多种信息形式有机融合，并通过计算机等设备进行交互展示。由于图像、音频、视频等多媒体数据量通常很大，为了便于存储、传输和处理，多媒体技术需要采用数据压缩技术，如JPEG（用于图像）、MP3（用于音频）、H.264/H.265（用于视频）等编码标准，在保证一定质量的前提下，减少数据量。多媒体数据存储技术包括硬盘、光盘、闪存等各种存储介质，以及与之相关的存储管理技术，用于高效地存储和访问大量的多媒体数据。例如，蓝光光盘能够存储大容量的高清视频数据。多媒体数据库技术用于管理多媒体数据的数据库系统，能够实现对多媒体数据的有效组织、检索和查询。与传统数据库不同，多媒体数据库需要处理复杂的多媒体数据类型，支持基于内容的检索等功能。多媒体通信技术实现了多媒体数据在网络上的传输，如实时视频会议、网络视频播放等应用，需要解决数据传输的带宽问题、延迟问题和同步问题等，相关技术包括流媒体技术、网络协议优化等。多媒体交互技术使用户能够与多媒体系统进行交互，如触摸屏技术、虚拟现实交互技术、语音识别与合成技术等，让用户可以通过触摸、语音、手势等方式控制和操作多媒体内容。

多媒体技术能够将多种不同形式的媒体信息，如文字、图像、声音、视频等集成在一个系统中进行统一处理和展示，形成一个有机的整体。例如，一部多媒体电影包含了视频画面、音频对话和背景音乐、字幕文本等多种媒体元素。用户可以与多媒体系统进行交互操作，主动控制和选择信息的呈现方式和内容。比如，在多媒体电子书中，用户可以通过点击链接、翻页等操作获取不同的内容和信息。对于一些多媒体应用，如视频会议、实时监控等，需要实时处理和传输多媒体数据，保证信息的及时性和连贯性。多媒体信息以数字形式进行存储、处理和传输，便于计算机进行操作和管理，同时也能保证信息在传输和处理过程中的准确性和稳定性，减少失真和噪声的影响。

在教育领域，多媒体技术用于制作多媒体教学课件、在线课程、虚拟实验室等，通过图像、视频、动画等多种形式呈现教学内容，提高教学效果和学生的学习兴趣。

多媒体技术广泛应用于电影、电视、游戏等行业，如制作特效丰富的电影、沉浸式的游戏场景等，为用户带来丰富的视听体验。

多媒体技术还用于制作吸引人的广告视频、互动式广告等，通过多媒体的形式更生动地展示产品特点和品牌形象，吸引消费者的注意力。

在医疗领域，如医学影像处理、虚拟手术培训、远程医疗等，多媒技术可以帮助医生更准确地诊断疾病，提高医疗教学和培训的效果。

在历史教学课件或数字教材中，多媒体技术的应用无处不在。例如，在讲述历史事件时，一段生动的视频资料可以重现事件发生的场景，一张珍贵的历史图片能够直观地展示当时的社会风貌，一段激昂的音频可以烘托出特定历史时期的氛围，再配以简洁而准确的文字说明，使学生能够从多个感官维度全面深入地理解历史知识，增强学习的趣味性与记忆效果。

数字赋能，从教育的视角来看，是数字技术为教育教学活动赋予全新的能力、活力与发展动力。它犹如一场教育领域的革新风暴，深刻地改变着教育的各个层面。

对于教师而言，数字赋能是教学能力提升与教学模式创新的催化剂。它使教师的教学手段更加丰富多样，不再局限于传统的黑板板书与口头讲解。借助数字工具，教师可以轻松地制作出精美绝伦的教学课件，将历史知识以更加生动形象、富有创意的方式呈现给学生。例如，利用动画演示历史事件的发展脉络，通过互动式多媒体元素激发学生的参与热情。在教学资源获取方面，数字赋能打破了传统资源的时空限制，教师只需通过网络搜索引擎、数字图书馆、专业历史数据库等渠道，就能迅速获取海量的历史教学资源，包括珍稀的历史文献资料、世界各地博物馆的文物数字图像、前沿的历史研究成果等，极大地丰富了教学内容的深度与广度。此外，数字技术还助力教师进行精准的教学分析，通过学习管理系统和大数据分析工具，教师能够实时收集和分析学生的学习数据，精准把握学生的学习状况，如学生的知识薄弱点、学习兴趣所在、学习风格差异等，从而为个性化教学提供有力支持，实现教学活动的因材施教、有的放矢。

对于学生来说，数字赋能是开启自主学习与个性化探索之门的钥匙。数字平台的兴起，使学生能够突破传统课堂的时间与空间束缚，随时随地展开历史知识的学习之旅。历史学习类APP为学生提供了丰富多样的学习资源，学生可以根据自己的兴趣偏好，自主选择学习内容，如深入探究特定历史时期的文化艺术、政治制度或社会生活。这些APP还能根据学生的学习行为数据，运用智能算法为学生提供个性化的学习建议和反馈，帮助学生更好地了解自己的学习状况，制订合理的学习计划，激发内在的学习动力与创造力。例如，当学生在学习某个历史专题时，APP可以根据其学习进度推荐相关的拓展阅读材料、视频讲解或互动练习，使学习过程更加高效、有趣且富有针对性。

数字赋能在历史教学中的具体应用方式主要表现在教学资源的数字化整合与拓展以及教学手段的数字化创新上。

传统历史教材受诸多因素限制，在内容呈现上存在一定的局限性。而数字化历史教材则借助数字技术实现了教学资源的深度整合与广泛拓展。

数字化历史教材能够整合海量且多元的历史资料，极大地丰富了教材的内涵。例如，在讲述世界历史中的工业革命时，除了文字叙述，还可以嵌入大量高清的历史图片，如工厂的实景照片、机器设备的构造图等，让学生直观地感受工业革命时期的生产场景与技术创新；插入生动的历史影像资料，如工人劳作的纪录片片段、工业产品制造的视频演示等，使学生仿佛置身于那个热火朝天的工业时代；展示发明家的手稿、日记等原始文献资料，让学生深入了解工业革命背后的人物故事与创新思维历程。同时，通过超链接这一数字化技术手段，学生可以轻松地点击相关内容，跳转到更详细的资料页面或外部权威历史网站，进行进一步的深入探究。例如，在学习中国古代史时，若教材提及某一朝代的文化成就，学生可通过超链接进入专门的文化研究网站，查阅相关的学术论文、专家解读以及民间文化传承资料，从多个角度全面深入地理解该朝代的文化内涵与历史地位。

互联网上丰富的历史资源库为历史教学提供了无尽的宝藏。专业的历史学术数据库，如中国知网、JSTOR等，汇聚了全球范围内的历史研究成果，涵盖了从古代文明到近现代历史的各个领域、各个时期。教师可以引导学生进入这些数据库，查找与教学内容相关的资料进行学习，让学生接触到最前沿、最权威的历史研究观点与学术动态，培养学生的学术素养与研究能力。历史文化机构的数字馆藏，如故宫博物院、大英博物馆等著名博物馆的数字文物库，收藏了大量珍贵文物的高清图像和详细介绍。在学习中国古代史时，学生可以在故宫博物院的数字文物库中浏览古代文物的高清图像，从文物的造型、纹饰、材质等方面深入解读其背后所蕴含的历史文化信息，从而从文物的角度加深对历史时期政治、经济、文化的理解，感受古代文明的博大精深与独特魅力。

此外，一些历史爱好者创建的资源网站也具有独特的价值。这些网站往往包含了许多经过精心整理与深入解读的历史资料，其视角更加独特、内容更加贴近大众兴趣点。师生可以在这些网站上获取到一些在传统学术资源中难以发现的历史故事、民间传说以及历史人物的趣闻轶事，为历史教学增添了一份生动性与趣味性，使历史知识更加鲜活地呈现在学生面前。

在数字赋能的推动下，历史教学手段迎来了深刻的数字化创新变革。

教师可以充分利用多媒体软件制作历史教学课件，将历史事件、人物等教学内容以图文并茂、声像结合的形式精彩呈现。例如，在讲解抗日战争时期的战役时，教师可以在课件中插入战役地图，并运用动画效果动态演示战争的进程，让学生清晰地看到双方军队的部署、战斗的推进以及战略的演变。同时，播放抗战纪录片片段，让学生通过真实的影像资料感受战争的惨烈与悲壮，如硝烟弥漫的战场、英勇奋战的战士、饱受苦难的百姓等画面，能够深深地触动学生的心灵，引发他们对历史的深刻反思。配以简洁明了的文字讲解，系统地阐述战役的背景、经过和意义，以及翔实准确的数据统计，如参战兵力、伤亡人数、战略物资消耗等，使学生能够从多个维度全面深入地理解战役的全貌，从而在脑海中构建起更加完整、清晰且深刻的历史认知。这种多媒体演示方式能够极大地吸引学生的注意力，激发他们的学习兴趣和学习热情，提高学习效果。

虚拟现实（VR）与增强现实（AR）体验则是数字赋能下历史教学手段创新的璀璨明珠。VR技术通过创建高度逼真的虚拟环境，让学生身临其境地体验历史。在学习古希腊历史时，学生戴上VR设备，可以"走进"雅典的帕特农神庙，全方位地观察神庙宏伟的建筑结构、精美的内部装饰，与虚拟的古希腊公民进行自然流畅的交流互动，甚至亲身参与古希腊的公民大会等重要活动，亲身体验古希腊的民主政治氛围，深刻感受古希腊文化的独特魅力与辉煌成就。这种沉浸式的学习体验能够让学生更加深入地理解历史事件发生的背景、文化内涵以及对后世的深远影响，仿佛自己成了历史的参与者与见证者，极大地增强了学生的历史代入感与学习体验感。

AR技术则以其独特的虚实结合方式为历史教学增添了别样的精彩。在历史博物馆中，学生通过手机AR应用扫描文物，便能看到以生动形象的动画形式鲜活呈现的文物背后历史故事，还能看到文物在那个历史时期的使用场景的逼真复原。例如，当学生扫描一件古代青铜器时，手机屏幕上会浮现出该青铜器在古代祭祀仪式中的使用场景，人们如何虔诚地进行祭祀活动，青铜器在其中扮演着怎样重要的角色等画面，使学生能够更加直观地了解文物的历史文化价值与功能用途，增强了学习的互动性与趣味性，让学生在轻松愉悦的氛围中深入学习历史知识。

数字赋能深刻地改变了历史教学的评价方式，使其实现了从传统的粗放式评价向数字化精准评价的转型。

如今，许多教师借助在线学习平台与作业系统，实现了历史作业的高效布置、自动批改和精准数据分析。在线学习平台可以设置选择题、简答题、论述题等多种题型的作业，满足不同层次教学目标的考核需求。学生完成作业提交后，系统能够自动批改选择题并即时给出分数，大大减轻了教师的批改工作量，提高了教学效率。对于简答题和论述题，教师可以在平台上快速查看学生的答案，并进行详细的批注和评价，给予学生有针对性的反馈和指导。

同时，平台能够全面收集学生作业完成的时间、正确率、错误类型等数据，教师通过深入分析这些数据，可以精准地了解学生对知识的掌握程度、学习过程中的困难点以及知识的薄弱环节。例如，如果发现大部分学生在某一历史时期的知识点上错误率较高，教师就可以有针对性地调整教学策略，加强对这一时期历史知识的讲解与练习；如果某个学生在某知识点相关的学习任务上花费时间较长且错误较多，教师就可以推断该学生在这方面存在学习困难，并为其提供个性化的学习辅导和支持，如推荐相关的学习资料、安排额外的练习或进行一对一的辅导讲解，从而实现精准教学，真正做到因材施教，满足每个学生的学习需求，提高教学质量。

数字赋能打破了传统教学中教师与学生交流的时空限制，为教学交流开辟了全新的数字化空间。

教师可以在教学平台上开设历史课程的讨论区，这一讨论区可以成为学生思想碰撞、观点交流的活跃舞台。学生可以针对某个历史事件、人物或观点发表自己的看法，并与同学进行热烈的交流讨论。例如，在学习完辛亥革命后，教师可以在讨论区发起话题"辛亥革命对中国近代社会变革的深远影响"，学生可以从政治、经济、文化等不同角度发表见解。有的学生可能从政治角度分析辛亥革命推翻封建帝制、建立民主共和国的伟大意义；有的学生可能从经济角度探讨辛亥革命对民族资本主义发展的促进作用；有的学生则可能从文化角度阐述辛亥革命对思想解放、社会风俗变革的推动作用。在交流过程中，学生相互启发、相互学习，拓宽了历史思维，培养了批判性思维能力和独立思考能力。教师也可以积极参与讨论，适时引导学生深入思考，纠正错误观点，确保讨论的方向正确、内容有深度，促进学生对历史知识的深入理解和掌握。

　　特别值得一提的是，越来越多的历史教师开始利用社交媒体组建历史学习社群，这一创新举措进一步拓展了教学交流的边界。教师在社群中分享历史学习资料、历史趣闻、学术动态等丰富多样的内容，为学生提供了一个随时随地学习历史知识、感受历史文化魅力的便捷平台。学生也可以在社群里自由提问、分享自己的学习心得，与教师和其他同学进行更加深入、广泛的交流互动。例如，北京大学辛德勇老师的公众号"辛德勇自述"以及其微博账号，内容以历史、地理等专业知识为主，多为学术性较强的干货，对历史专业的研究者和爱好者具有极高的参考价值。学生可以通过关注这些账号，及时获取最新的学术研究成果、历史解读观点等知识，拓宽自己的学术视野。中央民族大学彭勇老师的微博"书会儿"，他作为明史研究大咖在微博上分享的知识，能够让学生深入了解明史研究的前沿动态和独特见解。上海师大张剑光老师的微博"我是风啊"，他作为唐史研究大咖之一，经常在微博上分享中国古代史的相关专业知识，为学生提供了一个学习唐史及中国古代史的优质窗口。这些社交媒体平台不仅丰富了学生的学习资源，还拉近了师生之间的距离，促进了教育资源的共享与传播，使历史教学不再局限于课堂之内，而是延伸到学生生活的方方面面。

　　数字赋能为中学历史教学带来了前所未有的变革与机遇，通过深入理解数字赋能的概念并将其具体应用方式巧妙地融入到教学实践中，能够极大地提升历史教学的质量与效果，培养学生的历史学科核心素养和创新能力，使历史教学更好地适应信息时代的发展需求。在未来的历史教学中，我们应继续深入探索数字技术与历史教学的融合之道，充分发挥数字赋能的优势，不断创新教学模式与方法，为学生打造更加丰富多彩、生动有趣且富有成效的历史学习体验，助力他们在历史的长河中汲取智慧，茁壮成长，成为具有深厚历史文化底蕴、敏锐历史思维和创新精神的新时代人才。

## 第三节 数字赋能对学生学习方式的深度影响分析

很多家长、老师都对学生使用手机、平板、电脑等数字化设备头痛不已，然而事实上，只要将它们妥善管理与利用，就能够有效地辅助学生学习，利用数字赋能改善学生的学习方式。

有效的数字赋能，能够将家长和老师头疼的电子设备，变成增加学生学习自主性的有效工具，因为数字技术为学生提供了丰富的学习资源和便捷的获取途径，使他们不再局限于传统课堂上教师所传授的知识。学生可以根据自己的兴趣和需求，自主地在电子设备上选择学习的内容、时间和地点。例如，对古代史感兴趣的学生，可以在网上搜索相关的历史纪录片、学术讲座、电子书等资料，深入了解特定历史时期的文化、政治和社会等方面的内容，无需依赖教师或教材的单一引导，从而激发其自身的学习动力和主动性，培养独立探索知识的能力。

而且，有很多有效的软件，可以提高学生自我规划与管理的能力。比如，学习管理软件、在线日历等，学生可以利用这些软件制订个性化的学习计划，设定学习目标和任务，并按照计划有条不紊地进行学习。而且这些工具还能帮助学生跟踪学习进度，及时发现自己在学习过程中存在的问题和不足，以便调整学习策略，提高学习效率。比如，学生可以利用学习管理软件记录自己每天学习历史的时间、完成的学习任务以及掌握的知识点，通过分析这些数据，了解自己的学习状况，进而合理安排后续的学习任务。

所有的数字赋能，都来源于两个字：数据。如今的电子数据，都是经过数据分析，根据个体差异进行精准推送的，如通过学生的历史成绩、兴趣爱好等，学习平台可以为每个学生提供符合其自身水平和兴趣的学习内容。例如，对于历史基础较好且对世界史感兴趣的学生，系统会推荐一些专业的世界历史研究著作、学术论文以及深度分析的视频课程；而对于基础相对薄弱的学生，则会推送一些基础的历史知识讲解、趣味历史故事等内容，帮助他们打牢基础，逐步提升学习能力，满足不同学生的学习需求，使每个学生都能在适合自己的学习内容中获得更好的发展。

数字技术打破了传统教学中统一进度的限制，让学生能依据自身能力自主调整学习节奏。在历史学习中，理解能力较强的学生可加快进度，深入探究更复杂的历史知识；学习有困难的学生则能放慢速度，反复研习重点和难点，直至完全掌握。这种个性化安排使每个学生都能在舒适节奏中进步，增强学习自信与成就感。

在线协作学习平台与工具的出现，让学生突破时空限制，能与不同地区、学校的同学开展合作。在历史学习中，学生可围绕某一历史事件或课题组建在线小组，通过讨论区、视频会议等方式交流。例如研究"丝绸之路"时，成员可分头收集不同地区、时期的相关资料，在线分享讨论其对中外文化交流、经济发展的影响，拓宽视野并培养团队协作与跨文化意识。同时，协作形式也更为丰富：除文字交流外，还可通过语音通话、视频展示、共同编辑文档等高效协作（如制作历史手抄报时用在线文档实时编辑）；虚拟现实、增强现实技术更能创造沉浸式体验，让学生在虚拟历史场景中共同完成任务，提升互动性与趣味性。

互联网的丰富数字资源为历史探究式学习提供了有力支撑。学生可轻松获取历史文献、考古资料、专家成果等素材，从多维度探究问题。例如探究"古代文明的起源"时，能通过博物馆数字馆藏、学术数据库等了解不同文明的发展。此外，数字学习平台的引导式工具会提供探究步骤、问题引导与方法指导，帮助学生系统开展探究（如学习历史事件时，从背景、起因、结果等维度深入分析），培养信息处理能力与探究精神。

数字技术通过融合文字、图像、音频、视频等多种形式，让历史内容更生动。学生可通过观看历史纪录片、动画演示等直观感受历史场景，也能借助知识问答、角色扮演等互动元素提升参与感。同时，平台会依据学生兴趣提供个性化学习方式：喜欢历史故事的学生可选择有声读物、电子小说；热衷探索的学生可参与考古模拟游戏、谜题破解等，使学习从负担变为享受，进一步激发兴趣。

在数字时代，学生需通过分析多元历史资料培养批判性思维。例如研究某一历史事件评价时，对比不同历史学家的著作与观点，辨别信息真伪，形成独立判断。数字技术还为创新提供了广阔空间：学生可利用工具制作历史主题微电影、动画、电子海报等，以独特视角展现历史，深化理解并激发创新思维；在在线讨论与协作学习中，不同背景的思想碰撞也能培养合作创新意识。

此外，数字技术助力学生构建系统的历史知识体系。借助数字化工具（如历史思维导图软件），学生可将不同时期、地域的历史事件与人物关联，梳理时间顺序、因果关系，形成宏观历史视野，理解历史发展脉络与规律，提升综合分析能力。

综上，数字赋能从自主学习、协作拓展、探究支持、兴趣激发到思维培养，多维度重塑了历史学习方式。教育者需引导学生合理运用数字技术，优化学习效果，培养适应数字时代的创新型人才。

## 第四节 数字赋能与传统历史教学模式的对比

### 表3 1990-2010年中文历史网页数量发展阶段表

| 基础数据 | | 关键节点 | | 所处阶段 |
|---|---|---|---|---|
| 1994年前 | 中国互联网信息中心（CNNIC）早期技术白皮书 | 1994.4 | 中国全功能接入互联网 | 萌芽期（1990—1994年）年均增长率＜5% |
| 1994—2000年 | 北京大学数字人文实验室《中文网络资源发展报告》 | 1999.9 | 百度上线（历史类搜索占比首破3%） | 爆发期（1995—2000年）：CAGR 192% |

| 2001—2010 年 | 国家图书馆"中文网页历史存档工程" | 2001.1 | 维基百科中文版推出 | 规范期（2001—2010 年）：CAGR 58%（质量取代数量主导） |
| | | 2006.12 | 国家清史编纂委员会开放首批数字化档案 | |

资料来源：国家图书馆"中国记忆"项目（http://www.nlc.cn/cm）

北京大学开放研究数据平台（DOI：10.18170/DVN/XYHSSS）

谷歌图书 NgramViewer 中文语料库

哈佛大学 Fairbank 中心中国数字人文数据库

在教育领域不断发展变革的进程中，历史教学模式也经历着深刻的转变。传统历史教学模式长期以来在知识传承方面发挥着重要作用，而数字赋能下的新型教学模式正逐渐崭露头角。二者在多方面展现出鲜明的对比。

传统历史教学模式多以教师为核心，课堂上教师主导教学节奏与内容。教学资源主要局限于教材、教参以及少量的历史图片、地图等。教师凭借自身的知识储备与教学经验，对教材内容进行详细讲解，学生则以听讲、记笔记为主要学习方式。例如，在讲解历史事件时，教师会依据教材的文字描述，按部就班地阐述事件的起因、经过与结果，学生通过记忆这些要点来掌握知识。在教学过程中，虽然也会有课堂提问、小组讨论等环节，但整体互动性相对有限，且往往围绕教材既定内容展开。教学成果的评估也较为单一，主要依靠周期性的考试，如单元测试、期中期末考试等，通过试卷上的选择题、简答题、论述题等题型来检验学生对知识的记忆与理解程度，侧重于对历史事件、人物、年代等基础知识的考查。

而数字赋能下的历史教学模式呈现出全然不同的景象。在教学资源方面，数字技术打破了传统资源的限制，网络平台提供了海量的历史资料。高清的历史纪录片、影视片段能够生动地还原历史场景，使学生仿佛穿越时空亲眼目睹历史的发生。比如，在学习古代战争时，播放相关的战争纪录片，战场上的厮杀、军队的调动、武器的使用等都清晰可见，让学生更直观地感受战争的残酷与复杂。数字图书馆中的历史文献、学术著作电子版可供师生随时查阅，拓宽了知识获取的深度与广度。此外，还有许多历史文化类的APP和网站，它们以多样化的形式呈现历史知识，如通过时间轴梳理历史脉络、以关系图谱展示人物和事件的关联等。

在教学方法上，数字赋能促使其更加多样化与创新。多媒体教学成为普遍应用的手段，教师可以制作精美的PPT，将文字、图像、音频、视频等元素巧妙融合。例如，讲解文化史时，PPT中插入相应时期的音乐、艺术作品图片、文化名人的影像资料等，营造出浓厚的文化氛围，增强学生的学习兴趣。虚拟现实（VR）和增强现实（AR）技术更是为历史教学带来了前所未有的体验，学生可以"走进"历史遗址、"参与"历史事件，如在学习世界历史中的古希腊文明时，借助VR设备，学生能漫步于雅典的街道，参观帕特农神庙，与古希腊学者进行虚拟对话，这种沉浸式的学习方式极大地提升了学生的学习热情与参与度。在线教学平台的兴起也改变了教学的时空界限，教师可以开展远程教学、混合式教学，学生能够自主安排学习时间，进行在线学习、参与讨论、提交作业等，同时还能与不同地区的同学进行交流互动，促进知识的共享与思维的碰撞。

在教学成果评估方面，数字赋能下的评估体系更加全面与科学。除了传统的考试成绩外，学生在在线学习平台上的学习行为数据被充分利用，如学习时长、参与讨论的活跃度、作业完成的质量与及时性等都成为评估的重要依据。大数据分析技术能够深入挖掘这些数据背后所反映的学生学习情况，精准发现学生的学习优势与不足，进而为个性化教学提供有力支持。例如，如果数据显示某学生在某个历史时期的知识学习上花费时间较长但理解仍有困难，教师就可以针对该学生的情况提供额外的学习资源或进行专门的辅导。项目式学习与小组合作学习在数字环境下也更易开展与评估，通过对学生在项目实施过程中的团队协作、资料收集与分析、成果展示等多方面表现进行综合评价，更能全面地衡量学生的历史学习能力、创新思维能力以及解决实际问题的能力。

综上所述，传统历史教学模式有其稳固的根基与一定的优势，如教师能够系统地传授知识，有助于学生构建扎实的知识框架，且面对面的教学能及时给予学生情感上的支持与引导。然而，数字赋能下的历史教学模式以其丰富的资源、创新的教学方法、高度的互动性以及全面的评估体系，展现出强大的生命力与广阔的发展前景。在实际的历史教学中，应将二者有机结合，取传统教学之精华，用数字赋能之创新，从而为学生打造更加优质、高效且富有吸引力的历史学习环境，助力学生在历史知识的海洋中更好地遨游，培养出具有深厚历史素养与创新精神的新时代人才。

## 第五节 数字赋能背景下历史教学的机遇与挑战

互联网汇聚了来自世界各地图书馆、博物馆、档案馆以及私人收藏的海量历史资料，包括古籍文献、历史档案、图片、音频、视频等多种形式。例如，"数字敦煌"项目将敦煌石窟内的壁画、彩塑等文物以数字化形式呈现，为历史教学提供了珍贵的直观素材。教师和学生可以突破时空限制，轻松获取这些资源，深入研究特定历史时期的文化、艺术、社会生活，极大地丰富了教学内容的广度和深度。

众多博物馆推出虚拟展览平台，利用3D建模、虚拟现实（VR）等技术，让历史文物和场景栩栩如生地展现在师生面前。以故宫博物院的数字展览为例，观众可以在虚拟环境中漫步故宫，详细观察宫殿建筑的结构、内部装饰以及陈列的文物，仿佛穿越时空置身于历史情境之中。这种数字化的呈现方式为历史教学提供了生动、直观的教具，有助于学生更好地理解历史文化的内涵和魅力，增强学习兴趣和记忆效果。

专业的历史数据库和学术资源平台整合了大量的学术研究成果、历史论文、研究报告等，如中国知网、万方数据等平台，教师可以在这些平台上获取最新的历史研究动态和前沿观点，为教学提供理论支持和知识拓展。同时，学生也可以通过这些平台进行自主学习和研究性学习，培养独立思考和学术探索能力。

多媒体教学手段将文字、图像、音频、视频等多种媒体元素有机结合，使历史教学更加生动形象。教师可以在课堂上播放历史纪录片片段，如《大国崛起》展示了世界主要国家的发展历程，让学生直观感受历史事件的背景、过程和影响；展示历史图片和地图，帮助学生构建历史空间概念；插入历史人物的演讲音频或音乐作品，营造历史氛围。通过多媒体教学，抽象的历史知识变得具体化、可视化，有助于学生更好地理解和吸收。

数字技术为翻转课堂的实施提供了便利条件。教师可以提前将教学视频、学习资料上传至在线学习平台，如学校的网络教学平台或知名的在线教育平台（如学堂在线、网易云课堂等），让学生在课外自主学习基础知识。课堂上则重点进行问题讨论、小组活动、知识拓展等互动环节。例如，在教授"工业革命"时，教师可让学生先观看关于工业革命背景、发明创造、社会影响等方面的视频，并完成相关预习作业。在课堂上，组织学生讨论工业革命对不同国家和地区的影响差异、工业革命时期的社会矛盾与变革等问题，引导学生深入思考，培养其批判性思维和团队协作能力。

VR和AR技术为历史教学带来了前所未有的沉浸式体验。通过VR设备，学生可以身临其境地进入历史场景，如古战场、古代城市等。例如，学生可以戴上VR头盔，仿佛置身于伯罗奔尼撒战争的模拟战斗，亲身体验战争的残酷与激烈。AR技术则可以将虚拟的历史元素叠加在现实环境中，如学生使用手机扫描历史教材上的图片，即可呈现出相关的3D动画或视频讲解。这种沉浸式教学能够极大地激发学生的学习兴趣和好奇心，使他们更加主动地投入到历史学习中，提高学习效果。

新冠疫情期间的大规模在线教学实践充分证明了在线教学平台的优势。无论是直播教学还是录播课程，学生都可以在任何有网络连接的地方参与学习。对于因身体原因无法到校上课的学生、偏远地区教育资源匮乏的学生以及有课外学习需求的学生来说，在线教学平台为他们提供了平等的学习机会。同时，在线教学平台还支持多种互动功能，如实时弹幕提问、在线讨论区、分组协作学习等，促进了师生之间、学生之间的交流与互动，营造了良好的学习氛围。

社交媒体平台如微信公众号、微博、抖音等成为历史知识传播和学习交流的新渠道。许多历史文化类公众号定期推送历史故事、人物传记、历史解读文章等内容，吸引了大量读者的关注和学习。抖音上的历史短视频以简洁生动的形式介绍历史事件和文化现象，深受青少年喜爱。此外，学生还可以在社交媒体上组建历史学习社群，与志同道合的同学分享学习心得、讨论历史问题、开展合作学习项目，拓宽学习视野，增强学习动力。

数字赋能下历史教学面临技术应用的不平衡与基础设施差异的挑战，地区间技术设备与网络条件差距很大。不同地区的经济发展水平和教育投入不同，导致学校之间在技术设备和网络基础设施方面存在较大差距。一些发达地区的学校，配备了先进的多媒体教室、智能教学设备、高速稳定的校园网络，能够充分利用数字技术开展多样化的教学活动。然而，一些偏远农村地区或经济欠发达地区的学校，可能面临计算机设备陈旧、数量不足，网络带宽低、信号不稳定等问题，严重制约了数字技术在历史教学中的应用。例如，在一些山区学校，教师想要开展在线教学或让学生使用数字资源进行学习时，常常因网络卡顿或设备故障而无法顺利进行。

学校内部技术应用整合困难也是一个难题。即使在同一所学校内，不同学科、不同教师之间对数字技术的应用程度和整合能力也存在差异。部分教师可能对新技术接受度较高，能够熟练运用各种数字教学工具和软件，但也有一些教师由于年龄、技术培训不足等原因，对数字技术存在畏难情绪，在教学中仍然依赖传统教学方法。此外，学校在数字教学资源平台建设、教学管理系统与数字技术的整合等方面也可能面临挑战，如不同平台之间的数据不兼容、信息孤岛现象等，影响了数字赋能教学的整体效果。

教师数字素养与能力提升困难，技术操作与教学融合存在困境。数字赋能历史教学要求教师不仅要掌握基本的计算机操作技能，如使用办公软件制作课件、运用网络搜索资源等，还要能够熟练运用各种专业的数字教学工具和平台，如多媒体编辑软件、在线教学平台、历史教学专用软件（如历史地理信息系统软件）等。然而，许多教师在将这些技术与历史教学内容有机融合方面存在困难。例如，在制作多媒体课件时，可能只是简单地堆砌图片和文字，未能充分发挥多媒体的优势；在开展在线教学时，无法有效地组织课堂互动、监控学生学习状态、进行学习评价等。

而且很多教师数字资源甄别与运用能力不足。面对海量的数字资源，教师需要具备较强的甄别能力，筛选出准确、可靠、适合教学的资源。但在实际教学中，部分教师缺乏对数字资源的批判性思维和鉴别能力，可能会误选一些存在史实错误、观点片面或质量低下的资源用于教学，影响教学质量。此外，教师还需要掌握资源整合和二次开发的能力，根据教学目标和学生特点，对数字资源进行优化组合和创新应用，但目前很多教师在这方面的能力还有待提高。

数字技术不断更新换代，新的教学软件、平台和工具层出不穷。教师需要持续学习，跟上技术发展的步伐，才能更好地将数字技术应用于历史教学。同时，数字时代的历史教学理念也在不断演进，如强调学生的个性化学习、培养学生的数字素养和创新能力等，教师需要不断更新教育教学观念，调整教学方法和策略，以适应时代的要求。然而，教师日常教学任务繁重，参加培训和学习的时间有限，如何在工作与学习之间找到平衡，是教师面临的一大挑战。

在数字环境下，学生面临海量的信息轰炸。在历史学习过程中，他们可以通过互联网获取各种历史信息，但这些信息质量参差不齐，既有权威的学术研究成果，也有未经考证的历史传说、虚假信息和片面观点。例如，一些网络自媒体为了吸引眼球，可能会发布歪曲历史事实的文章或视频。学生由于缺乏足够的历史知识储备和信息甄别能力，容易被误导，从而形成错误的历史认知。因此，如何引导学生学会在信息海洋中筛选、鉴别有用信息，是历史教学面临的重要任务。

数字赋能的历史教学强调学生的自主学习，如翻转课堂模式下学生需要在课外自主完成学习任务，在线学习平台提供了丰富的自主学习资源和学习路径。然而，部分学生自主学习能力较弱，缺乏学习规划和自我管理能力，在没有教师直接监督的情况下，难以有效地利用数字资源进行学习。例如，在观看在线教学视频时，可能会分心、快进或中途放弃；在参与在线讨论或完成自主学习作业时，可能会敷衍了事。因此，如何培养学生的自主学习能力和自律性，是数字时代历史教学需要解决的关键问题之一。

　　长期沉浸在数字技术环境中，学生的思维方式可能会受到一定影响。一方面，数字技术提供的便捷信息获取方式可能导致学生习惯于浅层次的信息浏览和碎片化学习，缺乏对历史知识的深入思考和系统分析能力。例如，学生在使用搜索引擎查找历史资料时，往往只关注搜索结果的前几条信息，而不进行深入探究和比较分析。另一方面，数字技术中的虚拟场景、游戏化学习等元素可能会使学生过于依赖形象思维和娱乐化体验，而忽视了历史学习中抽象思维和逻辑推理能力的培养。如何在利用数字技术优势的同时，避免其对学生思维方式的负面影响，引导学生形成正确的历史思维，是历史教学面临的又一挑战。

　　那么如何应对数字赋能对历史教学的挑战呢？首先，改善技术基础设施与资源分配。政府应加大对教育领域的资金投入，特别是向偏远地区和经济欠发达地区倾斜，缩小地区间教育技术基础设施的差距。例如，通过专项资金支持，为农村学校和薄弱学校配备先进的计算机设备、多媒体教学设施，升级校园网络，确保网络覆盖和带宽满足数字教学需求。同时，建立区域教育资源共享平台，整合优质数字教学资源，实现资源的均衡分配和共享，让更多学生受益于数字赋能的历史教学。

　　同时，学校应加强对数字教学技术的整体规划和整合，建立统一的数字教学资源平台和教学管理系统，实现数据的互联互通和资源的共享共用。例如，整合学校的图书馆数字资源、在线课程平台、教学评价系统等，为教师和学生提供一站式的数字教学服务。此外，学校还应加强对教师的技术培训和支持，建立校内技术服务团队，及时解决教师在教学过程中遇到的技术问题，促进教师之间的技术交流与合作，提高教师整体的技术应用水平。

教育部门和学校应针对教师的不同需求和技术水平，开展多层次、多样化的教师数字素养培训。培训内容应涵盖基本的计算机操作技能、数字教学工具和平台的应用、数字资源的甄别与整合、在线教学方法与策略、教育信息化理念等方面。培训形式可以包括集中培训、在线培训、校本培训、工作坊、观摩教学等，为教师提供灵活多样的学习机会。例如，定期组织教师参加关于历史教学专用软件（如历史地理信息系统、多媒体课件制作软件）的培训工作坊，邀请专家进行在线教学方法和策略的讲座，并通过观摩优秀教师的数字教学示范课，让教师在实践中学习和提高。

为了推动教师积极提升数字素养，学校应建立相应的评价与激励机制。将教师的数字素养纳入教师绩效考核体系，对在数字教学应用方面表现突出的教师给予表彰和奖励，如评选"数字教学之星"、给予教学成果奖励等。同时，将教师参与数字素养培训和技术应用实践的情况作为职称评定、职务晋升的重要参考依据，激励教师主动学习和应用数字技术，不断提升自身的数字素养和教学能力。

鼓励教师之间组建专业学习共同体，共同探索数字赋能历史教学的方法与实践。教师可以通过开展教学研讨活动、合作开展课题研究、共享教学资源和经验等方式，相互学习、相互促进。例如，成立历史学科数字教学研究小组，定期组织小组活动，共同研讨如何将数字技术与历史教学内容深度融合、如何设计有效的数字教学活动、如何利用数字资源培养学生的历史思维能力等问题。通过专业学习共同体的建设，教师可以在合作中不断提升自己的数字素养和教学水平，共同应对数字赋能历史教学带来的挑战。

历史教师还应将信息素养教育有机融入历史教学过程中。在教学内容方面，引导学生了解历史信息的来源、类型、特点和价值，教会学生如何运用历史研究方法对信息进行分析、鉴别和评价。例如，在讲解历史文献资料时，向学生介绍不同类型文献的可信度和局限性，以及如何通过对比分析不同来源的文献来获取更准确的历史信息。在教学方法上，设计一些信息检索、分析和应用的实践活动，如让学生针对某一历史课题，通过网络搜索相关资料，并撰写历史研究小报告，在这个过程中培养学生的信息检索能力、批判性思维能力和文字表达能力。

同时教师应关注学生的个体差异，根据学生的学习基础、兴趣爱好和学习风格，为学生制订个性化的学习指导方案，帮助学生培养自主学习能力和自律性。例如，与学生一起制订学习计划，明确学习目标和任务，并指导学生合理安排学习时间和进度。同时，教师还应向学生介绍一些自主学习策略和方法，如如何进行预习、复习，如何做笔记，如何参与在线讨论和合作学习等。此外，教师可以利用在线学习平台的学习分析功能，实时了解学生的学习情况，及时给予反馈和指导，帮助学生调整学习策略，提高学习效果。

在历史教学中，教师要引导学生正确运用数字技术，避免其对思维方式的负面影响。一方面，教师可以设计一些深度思考和探究性的学习任务，如让学生对某一历史事件进行多角度分析、比较不同历史时期的社会变革等，培养学生的抽象思维和逻辑推理能力。另一方面，教师要注重引导学生在数字学习过程中形成正确的历史思维，如时空观念、史料实证、历史解释、家国情怀等。例如，在利用VR技术进行历史场景体验时，教师要引导学生思考场景背后的历史背景、人物动机和事件影响，将形象化的体验与抽象的历史思维相结合，使学生在享受数字技术带来的学习乐趣的同时，不断提升历史思维能力。

数字赋能为历史教学带来了前所未有的机遇，丰富的教学资源、创新的教学方式以及拓展的教学空间与互动性，都为提高历史教学质量和培养学生的历史素养提供了有力支持。然而，我们也必须清醒地认识到数字赋能过程中面临的诸多挑战，包括技术应用的不平衡、教师数字素养的提升压力以及学生信息素养与自主学习能力的培养难题等。通过政府、学校、教师和学生各方的共同努力，采取改善技术基础设施、提升教师数字素养、培养学生信息素养等一系列应对策略，我们能够充分发挥数字赋能的优势，克服其带来的挑战，推动历史教学在数字时代不断创新与发展，为培养具有深厚历史文化底蕴和创新精神的新时代人才奠定坚实基础。历史教育工作者应积极拥抱数字技术变革，不断探索和实践，让历史教学在数字赋能的浪潮中焕发出新的生机与活力。

然而，我们也必须清醒地认识到，数字技术在教育变革的道路上并非一帆风顺，仍然面临着诸多严峻的挑战。一方面，技术接入与资源不平等的问题依然是制约数字技术在教育领域全面普及的重要瓶颈。在一些经济欠发达地区和偏远农村学校，由于缺乏必要的技术设备、网络基础设施以及资金投入，学生无法充分享受到数字技术带来的优质教育资源和便利学习条件。这导致了不同地区、不同学校之间的教育质量差距进一步拉大，教育公平性受到威胁。例如，一些贫困地区的学校可能只有寥寥几台陈旧的计算机，网络速度缓慢且不稳定，学生难以流畅地观看在线课程视频或进行在线学习交流。

另一方面，教师的数字素养和教学能力参差不齐也是亟待解决的问题。部分教师对数字技术的掌握程度有限，应用能力不足，无法熟练地将数字技术与教学实践有机结合，充分发挥数字技术的优势。他们可能仅仅将计算机和网络作为简单的教学辅助工具，如播放PPT课件，而未能深入挖掘数字技术在互动教学、个性化学习、教学评价等方面的巨大潜力。例如，一些教师在使用在线教学平台时，可能不熟悉平台的功能设置，无法有效地组织线上教学活动、进行学习数据分析和教学管理，导致线上教学效果不尽如人意。

此外，数字技术的快速迭代更新也给教育领域带来了巨大的压力。随着科技的飞速发展，新的数字技术和软件应用不断涌现，教师和学生需要不断学习和适应这些新的技术变革和教学方法创新，才能跟上时代的步伐。这对教师的专业发展和学生的学习能力都提出了更高的要求。例如，当虚拟现实、人工智能等新兴技术应用于教学时，教师需要花费大量时间和精力去学习相关技术知识、掌握操作技能，并探索如何将其有效地融入教学过程；学生也需要具备更强的自主学习能力和信息素养，才能在纷繁复杂的数字学习环境中筛选出有价值的信息，合理利用数字技术进行高效学习。

展望未来，数字技术将继续深度融入教育领域，推动教育模式、方法和内容的持续创新与变革。一方面，人工智能、大数据、虚拟现实等新兴技术将在教育教学中得到更加广泛和深入的应用。人工智能技术可以通过对学生学习数据的深度分析，为每个学生量身定制个性化的学习方案，提供精准的学习建议和辅导，帮助学生更好地掌握知识、提高学习效率。例如，智能学习系统可以根据学生的学习历史、答题情况、学习习惯等数据，自动生成适合学生的学习路径和练习题目，及时发现学生的学习薄弱环节并进行有针对性辅导。大数据技术将进一步助力教育决策的科学化和精准化，通过对海量教育数据的挖掘和分析，教育管理者可以全面了解教育教学过程中的各种情况，如学生的学习进度、教师的教学效果、课程的受欢迎程度等，从而为教育资源配置、教学改革、教育政策制定等提供有力的数据依据。虚拟现实技术则将为学生打造更加逼真、沉浸式的学习体验，让学生在虚拟环境中进行实践操作、模拟实验、情境体验等，增强学生的实践能力和创新思维。例如，在医学教育中，学生可以通过虚拟现实技术进行手术模拟训练，在虚拟人体上进行各种手术操作，提高手术技能和临床经验；在工程教育中，学生可以在虚拟实验室中进行产品设计、实验测试等，降低实验成本，提高创新能力。

另一方面，教育将更加注重培养学生的数字素养和创新能力。在数字时代，数字素养已经成为学生必备的基本素养之一，它涵盖了学生对数字技术的认知、应用、创新以及信息安全和道德规范等多个方面。教育应将对数字素养的培养贯穿于整个教育教学过程中，从小学到大学，逐步提升学生的数字素养水平。例如，在中小学阶段，可以开设专门的信息技术课程，教授学生计算机基础知识、网络安全知识、数字图像处理等基本技能；在大学阶段，可以设置数字素养相关的通识课程或专业课程，培养学生在特定领域的数字技术应用能力和创新能力，如数据挖掘、人工智能算法设计、数字媒体创作等。同时，教育也应鼓励学生在数字技术的应用中充分发挥创造力，积极探索创新的学习方式和方法。例如，学生可以利用数字技术创作多媒体作品、开发教育类应用程序、参与开源项目等，通过这些实践活动，不仅可以加深学生对知识的理解和掌握，还可以培养学生的团队合作精神、创新思维和实践能力，为学生未来的职业发展和社会生活奠定坚实的基础。

# 第二章　数字工具与资源的应用

## 第一节 数字化教材的优势与特点及在线课程资源的分类

随着信息技术的飞速发展，数字化教材和在线课程资源在教育领域的应用日益广泛。数字化教材相较于传统纸质教材具有多方面优势与特点，包括丰富的多媒体呈现、便捷的交互性、强大的更新与拓展功能等。

数字化教材是以数字技术为基础，将文字、图像、音频、视频、动画等多种媒体形式融合在一起，通过电子设备进行呈现和使用的教材形态。它突破了传统纸质教材以文字和图片为主的局限，融入音频、视频、动画等元素。例如，历史数字化教材中可以嵌入音频、对话场景视频，帮助学生更好地学习和理解；科学教材可通过动画展示复杂的科学原理，使抽象知识变得更直观。数字化教材具备多种交互功能，如学生可以点击教材中的链接获取更多拓展资料，参与在线测试、互动游戏、讨论区交流等。以数学教材为例，学生可通过在线练习及时得到答案反馈和解题思路指导，还能与同学和老师在讨论区交流解题方法。数字化教材借助技术手段，根据学生的学习情况提供个性化学习路径和内容推荐。比如，数字化教材平台能记录学生的学习进度、答题情况等，为学习困难的学生推送有针对性的辅导资料，为学有余力的学生推荐拓展性内容。数字化教材的内容能及时更新，确保学生获取最新知识。同时，可在多平台、多设备上共享使用，方便学生随时随地学习。例如，在新冠疫情期间，学生可通过学校的在线学习平台，在电脑、平板或手机上随时获取数字化教材进行学习。

数字化教材以多种形式呈现，如以电子图书的形式呈现，可在电子阅读器、平板电脑、电脑等设备上阅读，具备翻页、标注、做笔记等功能，如一些经典文学作品的数字化教材，方便学生阅读和做学习笔记。

数字化教材与在线课程紧密结合，包含课程视频、课件、作业、测试等多种学习资源，如许多在线编程学习平台的教材，学生可边看视频讲解边进行在线编程练习。

数字化教材还通过专门开发的教育APP，将教材内容以互动游戏、情景模拟等形式呈现，增强学习的趣味性和参与度。

在当今数字化时代，教育领域正经历着深刻的变革。数字化教材和在线课程资源作为教育信息化的重要组成部分，逐渐改变着传统的教学模式和学习方式。数字化教材以其独特的优势和特点，为学生提供了更加丰富、生动和个性化的学习体验；在线课程资源则以多样化的形式满足了不同学习者的需求，打破了时间与空间的限制，促进了教育资源的公平共享。深入研究数字化教材的优势与特点以及在线课程资源的分类，对于推动教育现代化进程具有极为重要的意义。

如今，数字化教材能够整合文字、图片、音频、视频、动画等多种媒体元素。例如，在一本历史数字化教材中，对于历史事件的描述，除了有详细的文字记载外，还可以插入相关的历史纪录片片段、人物演讲音频、事件发生地的全景图片或动画演示等。这种多媒体融合的方式能够全方位地展示教学内容，使抽象的知识变得更加直观、形象，有助于学生更好地理解和记忆。以物理学科的数字化教材为例，在讲解电路原理时，可以通过动画展示电流的流动路径、电子元件的工作状态，配合文字说明和教师的语音讲解，让学生更清晰地掌握复杂的物理概念。

多媒体呈现极大地增强了学习的趣味性。相较于传统纸质教材的单调视觉体验，数字化教材中的音频和视频元素能够吸引学生的注意力，激发他们的学习兴趣。

数字化教材还具备强大的人机交互功能。学生可以通过点击、触摸、滑动等操作与教材内容进行互动。

数字化教材还为师生交互和生生交互提供了便利的平台。教师可以在教材中设置讨论区、问答板块等，学生在学习过程中遇到问题可以随时提问，教师能够及时给予解答和指导。同时，学生之间也可以在这些交互平台上分享学习心得、讨论学习难点，开展合作学习。

在数字化时代，知识的更新速度日益加快。数字化教材能够快速响应知识的更新需求，及时对教材内容进行修订和完善。与传统纸质教材需要较长的印刷和发行周期不同，数字化教材可以在短时间内将最新的研究成果、学科动态等融入其中。确保学生学习到最前沿的知识。这使得数字化教材能够始终保持与时代发展同步，为学生提供与时俱进的学习内容。

数字化教材还可以通过超链接等方式拓展丰富的学习资源。这些资源可以是相关的学术论文、研究报告、在线课程、学习网站等。例如，在历史学科的数字化教材中，对于某个历史时期的介绍，教材可以链接到专业的历史研究网站，学生可以点击链接进一步深入探究该历史时期的拓展知识；教材还可以链接到相关的博物馆网站，让学生通过虚拟展览等形式获取更多的历史文化信息。这种拓展功能极大地拓宽了学生的学习视野，满足了不同层次学生的学习需求，使学生能够在教材的基础上进行更深入、更广泛的学习探索。

数字化教材能够根据学生的学习情况和特点，为其推荐个性化的学习路径。通过对学生学习数据的收集和分析，如学习进度、答题正确率、知识掌握程度等，教材系统可以智能地判断学生的学习需求，为其量身定制适合的学习内容和学习顺序。例如，对于学习基础较弱的学生，教材可以先推荐一些基础知识巩固练习和简单讲解，随着学生学习能力的提升，再逐步引入难度较高的知识点和综合题型。这种自适应学习路径推荐能够满足不同学生的学习节奏，避免一刀切的教学模式，提高学习的针对性和有效性。

数字化教材还可以详细记录学生的学习进度，并提供个性化的学习反馈。学生可以随时查看自己的学习历程，了解自己在各个知识点上的掌握情况。教材系统能够根据学生的学习表现生成个性化的学习报告，指出学生的优势和不足，并提供相应的学习建议。例如，在语言学习中，教材可以分析学生的词汇量增长情况、语法错误类型和频率等，为学生提供有针对性的词汇拓展练习和语法复习建议。这种个性化的学习进度记录与反馈有助于学生自我管理学习过程，及时调整学习策略，提高学习质量。

**如今的在线课程资源主要有：**

## （一）慕课（Massive Open Online Course，MOOC）

慕课是一种大规模开放在线课程，其最大的特点是开放性和大规模性。它面向全球范围内的广大学习者，不受地域、年龄、学历等限制，只要有网络接入条件，任何人都可以注册学习。例如，国际知名的慕课平台Coursera、edX等，提供了来自世界各地顶尖高校和教育机构的数千门课程，涵盖了众多学科领域，如计算机科学、人文社科、自然科学、工程技术等。这些课程吸引了数百万甚至上千万的学习者参与，形成了一个庞大的全球学习社区。

慕课的课程结构通常较为完整，包括课程视频、教学课件、在线测试、作业提交、讨论区等多个模块。课程视频一般由知名教授或专家录制，讲解系统深入，每个视频时长较短，便于学习者碎片化学习。教学课件则对视频内容进行了梳理和补充，方便学习者回顾和总结。在线测试和作业提交用于检验学习者的学习效果，学习者在完成作业后可以获得自动批改和反馈。讨论区是慕课的重要组成部分，学习者可以在这里与其他学习者交流讨论、分享学习心得、提出问题并得到解答。慕课的教学模式以自主学习为主，学习者需要按照课程安排自主完成学习任务，但也会有定期的答疑环节和线上线下的互动活动，以增强学习的效果。

## （二）SPOC（Small Private Online Course）

与慕课不同，SPOC是一种小规模限制性在线课程。它通常面向特定的学习者群体，如某所学校的学生、某个专业的学员或某个培训项目的参与者等。由于受众相对较少，SPOC能够提供更具针对性的教学内容和更紧密的师生互动。例如，一所高校可以针对本校某专业的学生开设SPOC课程，根据该专业的教学大纲和学生的实际情况，对课程内容进行定制化设计，教师可以更好地关注每个学生的学习进度和学习需求，进行个性化的教学指导。

SPOC往往与校内教学紧密结合，是传统课堂教学的一种有效补充和拓展。在教学过程中，教师可以将SPOC课程的线上学习与线下课堂教学有机融合。例如，教师可以在课前安排学生观看SPOC课程视频，完成相关的预习作业，在课堂上则针对学生在预习过程中遇到的问题进行深入讲解和讨论，开展小组活动、实验操作等实践教学环节；课后，学生可以继续通过SPOC课程平台进行复习巩固、拓展学习，并提交作业和参与讨论。这种线上线下混合式教学模式能够充分发挥SPOC的优势，提高教学质量和学习效果。

### （三）直播课程

直播课程是一种实时在线教学形式，其最大的特点是具有极强的实时互动性。教师通过直播平台进行授课，学生可以在直播过程中实时观看教师的教学演示、听取讲解，并通过文字留言、语音提问、视频连麦等方式与教师进行互动交流。例如，在新冠疫情期间，许多学校和教育机构采用直播课程的方式进行线上教学，教师在直播中可以随时提问学生，了解学生的学习状态，学生也可以及时向教师反馈自己的疑问，教师能够当场给予解答。这种实时互动性能够营造出类似于传统课堂的教学氛围，增强学生的学习参与感和学习效果。

直播课程的教学场景丰富多样，可以根据教学需求进行灵活设置。教师可以在教室、演播室、实验室等不同场所进行直播授课。例如，在科学实验课程的直播中，教师可以在实验室进行实验操作演示，让学生更直观地看到实验过程和结果；在艺术课程的直播中，教师可以在演播室展示绘画、音乐表演等艺术创作过程，为学生提供更生动的学习体验。此外，直播课程还可以邀请嘉宾、专家进行线上讲座或合作教学，拓展教学资源和教学视野。

### （四）视频公开课

视频公开课是将优质的教学课程以视频形式录制并公开共享的一种在线课程资源。这些课程通常由知名高校、教育专家或优秀教师团队精心打造，具有较高的教学质量和学术水平。例如，中国大学视频公开课平台汇聚了众多国内高校的精品课程，涵盖了文学、历史、哲学、艺术、科学等多个学科门类，这些课程向社会公众免费开放，旨在促进优质教育资源的社会共享，提高全民的文化素养和科学知识水平。

视频公开课在知识传播和文化传承方面发挥着重要作用。通过视频公开课，一些经典的学科知识、学术思想、文化传统等能够得到更广泛的传播。例如，一些关于中国传统文化的视频公开课，如国学经典解读、传统艺术鉴赏等，能够让更多的人了解和传承中华民族的优秀文化遗产；一些前沿科学领域的视频公开课，如量子物理、人工智能等，能够向大众普及最新的科学知识和研究成果，激发公众对科学的兴趣和探索精神。

总之，数字化教材和在线课程资源在教育信息化进程中具有举足轻重的地位。数字化教材以其多媒体呈现、交互性、更新拓展功能和个性化学习支持等优势，为学生提供了更加优质、高效和个性化的学习体验，有助于激发学生的学习兴趣、提高学习效果。在线课程资源的多样化分类，如慕课、SPOC、直播课程、视频公开课等，满足了不同学习者在不同场景下的学习需求，促进了教育资源的公平共享和全球范围内的知识传播。对于教育工作者而言，深入了解数字化教材和在线课程资源的相关情况，能够更好地将其应用于教学实践中，创新教学模式，提高教学质量；对于教育研究者来说，进一步探索数字化教材和在线课程资源的发展趋势和应用效果，有助于推动教育信息化理论的不断完善和发展。在未来的教育发展中，我们应充分利用数字化教材和在线课程资源的优势，积极应对教育信息化带来的挑战，为培养适应新时代需求的创新型人才奠定坚实的基础。

## 第二节 数字化历史档案的价值与虚拟历史博物馆的功能

数字化历史档案在保护历史文化遗产、促进历史研究深入、推动历史教育普及和提升文化传播效率等方面具有不可替代的作用。虚拟历史博物馆则通过模拟真实展览环境、提供互动体验、拓展时空界限和整合多元文化资源等功能，为公众提供了全新的历史文化感知与学习途径。两者在数字时代共同构建起丰富且便捷的历史文化传承与交流平台，对人类社会的历史认知、文化传承与创新发展有着深远的影响。

在信息技术飞速发展的时代背景下，数字化浪潮深刻地影响着各个领域，历史文化领域也不例外。数字化历史档案和虚拟历史博物馆作为数字技术与历史文化相结合的产物，正逐渐改变着人们对历史的认知、研究、教育和传播方式。它们以独特的优势和功能，为历史文化的传承与发展开辟了新的路径，成为连接过去与现在、促进文化交流与创新的重要桥梁。深入剖析数字化历史档案的价值与虚拟历史博物馆的功能，对于更好地利用这些数字资源，推动历史文化事业的繁荣具有极为重要的意义。

传统的历史档案多以纸质、胶片、实物等形式存在，这些载体在长期保存过程中面临着诸多风险，如纸张的老化、破损、霉变，胶片的褪色、粘连，实物的风化、腐蚀等。而数字化历史档案通过将这些珍贵的历史资料转化为数字信息，以电子数据的形式存储，可以有效地避免物理载体的自然损坏。例如，许多古老的历史文献经过数字化处理后，其文字内容得以完整地保存，不再受纸张腐朽的威胁。对于一些濒危的历史档案，如脆弱的古籍善本、易损的历史文物照片等，数字化更是一种及时的抢救性保护措施，能够确保这些珍贵的历史文化遗产在数字世界中得到长久的留存。

数字化历史档案不仅能够保护档案的外观形态，更重要的是能够确保档案内容的完整性。在数字化过程中，可以采用多种技术手段对档案进行全面、细致的扫描或采集，包括对文字、图像、图表等各种信息的精确记录。同时，数字存储具有易于备份和复制的特点，即使原始数据出现丢失或损坏的情况，也可以通过备份数据进行恢复。例如，一些大型历史档案数据库会定期进行数据备份，并存储在不同的地理位置，以防止因自然灾害、人为破坏或技术故障等原因导致的数据丢失，从而最大限度地保障了历史档案内容的完整性和安全性。

数字化历史档案极大地改变了历史研究人员获取资料的方式。以往，研究人员需要耗费大量的时间和精力在图书馆、档案馆等场所翻阅大量的纸质档案，查找所需信息往往如同大海捞针。而现在，通过数字化历史档案平台，研究人员只需在电脑或移动设备上输入关键词、作者、时间范围等检索条件，就能迅速获取相关的历史档案资料。例如，一些专业的历史研究数据库如中国知网的历史文献数据库、JSTOR等国际知名学术数据库，收录了海量的历史研究论文、历史档案文献等资源，研究人员可以在短时间内对某一历史时期、某一历史事件或某一历史人物的相关资料进行全面的搜集和整理，大大提高了研究效率，为深入研究历史提供了便利。

数字化历史档案为历史研究中的数据挖掘与分析提供了可能。借助计算机技术和数据分析软件，研究人员可以对大规模的历史档案数据进行定量分析和定性研究。例如，通过对不同地区、不同时期的人口普查档案数据进行统计分析，可以揭示人口变迁的规律、社会结构的演变以及经济发展与人口因素之间的关系；对历史文献中的词汇使用频率进行分析，可以了解特定历史时期的文化思潮、社会关注点以及语言演变趋势等。这种数据挖掘与分析方法能够帮助研究人员发现传统研究方法难以察觉的历史规律和联系，从而推动历史研究在深度和广度上取得新的突破，为构建更加全面、准确的历史认知体系提供有力支持。

在历史教育领域，数字化历史档案为教师和学生提供了丰富多样的教学资源。教师可以将数字化历史档案中的图片、音频、视频等资料融入教学课件中，使历史课堂更加生动有趣。例如，在讲解世界历史中的古代战争时，可以播放相关的历史纪录片片段，展示战争的场景、武器装备以及参战各方的战略战术；在讲述历史文化艺术时，可以展示大量的文物图片、艺术作品的高清图像等，让学生直观地感受历史文化的魅力。同时，数字化历史档案还可以以多种形式呈现，如虚拟展览、历史故事动画等，满足不同年龄段、不同学习层次学生的需求，激发学生学习历史的兴趣和积极性，从而有效提高历史教育的质量和效果。

数字化历史档案为学生的自主学习和个性化教育创造了条件。学生可以根据自己的兴趣爱好和学习需求，自主选择数字化历史档案中的资料进行学习。例如，对古代文明感兴趣的学生可以深入研究某一古代文明的历史档案，包括其政治制度、经济生活、宗教信仰、科技文化等各个方面的资料，构建自己对该古代文明的独特理解。在线学习平台还可以根据学生的学习历史和行为数据，为学生提供个性化的学习推荐和学习路径规划，帮助学生更好地掌握历史知识，培养学生的自主学习能力和历史思维能力，使历史教育更加贴合学生个体的发展需求。

数字化历史档案打破了时间和空间的限制，使得历史文化能够在全球范围内迅速传播。无论是古老的历史典籍、珍贵的历史文物图像还是具有重要历史意义的音频视频资料，只要被数字化，就可以通过互联网瞬间传播到世界的各个角落。例如，世界各地的人们可以通过网络访问故宫博物院的数字化历史档案库，欣赏到故宫收藏的历代文物精品，了解中国古代皇家文化和历史传承；一些国际知名的历史文化网站如大英图书馆的数字化馆藏平台，展示了来自世界各地的历史档案资料，吸引了全球众多历史文化爱好者的访问和学习，极大地促进了不同国家和地区之间历史文化的交流与传播，使历史文化的影响力得到前所未有的拓展。

随着新媒体技术的发展，数字化历史档案能够更好地适应各种新媒体传播渠道和形式。它可以被制作成适合在社交媒体平台上传播的短视频、图文并茂的推文、互动式的H5页面等。例如，一些历史文化机构在微博、抖音等社交媒体平台上发布简短而精彩的历史档案故事视频，吸引了大量用户的关注和分享，引发了社会各界对历史文化的广泛讨论和传播。这种适应新媒体传播环境的特点，使得数字化历史档案能够以更加生动、灵活、便捷的方式融入大众的日常生活，提高了历史文化在现代社会中的传播效率和受众覆盖面，让更多的人了解和关注历史文化，增强了社会公众的历史文化意识和文化认同感。

虚拟历史博物馆借助先进的计算机图形技术，能够对真实的博物馆展厅、历史遗址、文物陈列场景等进行高精度的三维重建。观众通过虚拟现实（VR）或增强现实（AR）设备，可以身临其境地进入这些虚拟场景中进行参观游览。例如，对于一些已经消失或难以实地参观的历史遗迹，如古代宫殿遗址、古城墙等，虚拟历史博物馆可以根据考古研究资料和历史文献记载，将其复原为逼真的三维场景，让观众仿佛穿越时空回到过去，亲身感受历史建筑的宏伟壮观和独特魅力。在文物陈列展示方面，虚拟博物馆可以模拟真实的展柜布局、灯光效果等，使文物在虚拟环境中的展示效果更加接近甚至超越现实中的展览，为观众提供更加生动的参观体验。

虚拟历史博物馆不仅能够展示展览场景的整体风貌，还能够对文物和历史场景的细节进行极致的呈现。通过高清图像采集、三维建模和纹理映射等技术，文物的每一个细微之处，如纹理、色泽、工艺细节等都能够清晰地展现在观众眼前。例如，在虚拟展示一件古代青铜器时，观众可以通过放大、旋转等操作，仔细观察青铜器上的铭文、纹饰的雕刻工艺，了解其制作年代、用途以及背后所蕴含的历史文化内涵。对于历史场景中的人物形象、服饰、道具等细节也可以进行深入的刻画和展示，使观众能够更加全面、深入地了解历史的真实面貌，获得超越传统博物馆参观的深度体验。

虚拟历史博物馆为观众提供了与文物进行互动操作的功能。观众可以通过触摸屏幕、手势控制或使用专门的交互设备，对虚拟文物进行操作，如拿起、旋转、拆卸、组装等。这种互动操作能够让观众更加直观地了解文物的结构、功能和制作工艺。例如，在虚拟展示古代机械装置时，观众可以亲自操作这些装置，观察其内部结构的运作原理，感受古代工匠的智慧和技艺。对于一些古代艺术品，如陶瓷、雕塑等，观众可以通过交互操作改变其展示角度和光线效果，从不同的视角欣赏作品，增强对文物的感知和理解，使参观过程更加富有乐趣和参与性。

为了进一步增强观众的参与感和沉浸感，虚拟历史博物馆还设置了角色扮演和历史情境体验功能。观众可以在虚拟历史场景中扮演特定的历史角色，如古代的帝王将相、文人墨客、平民百姓等，参与到历史事件的模拟演绎中。例如，在虚拟的古代战争场景中，观众可以扮演一名士兵，体验战争的紧张刺激和残酷性，了解古代战争的战略战术和军事文化；在古代宫廷场景中，观众可以扮演一位宫廷侍从，参与宫廷礼仪活动，感受古代宫廷生活的奢华与规矩。通过这种角色扮演和历史情境体验，观众能够将自己融入到历史的长河中，更加深入地理解历史人物的情感、思想和行为动机，获得独特的历史文化体验。

虚拟历史博物馆打破了传统博物馆参观的时间限制，观众可以在虚拟环境中自由穿梭于不同的历史时期。无论是远古时代的原始社会、古代文明的辉煌时期，还是近代历史的风云变幻，都可以通过虚拟历史博物馆的时间轴导航功能轻松抵达。例如，观众可以先参观古埃及金字塔的建造场景，了解古埃及文明的神秘与伟大；然后瞬间穿越到文艺复兴时期的欧洲，领略艺术与科学的蓬勃发展；再到近代中国的鸦片战争时期，感受中国近代社会的变革与抗争。这种古今时空穿越的体验，使观众能够在短时间内对人类历史的发展脉络有一个宏观而清晰的认识，深刻体会到历史的连续性和多样性，拓宽了历史视野，激发了人们对历史的深入思考。

虚拟历史博物馆还突破了地域空间的限制，将世界各地的历史文化资源整合在一起。观众无需出国旅行，就可以在虚拟博物馆中领略到不同国家和地区的历史文化风貌。例如，在一个综合性的虚拟历史博物馆平台上，观众可以同时参观埃及的卢克索神庙、希腊的帕特农神庙、中国的故宫博物院、印度的泰姬陵等世界著名历史文化遗产的虚拟展览，了解不同地域文化之间的差异与联系，感受多元文化的碰撞与交融。这种地域文化融合的功能，促进了全球范围内历史文化的交流与共享，增进了不同民族和国家之间的相互理解与尊重，对于推动世界文化的多元发展具有积极的意义。

虚拟历史博物馆能够整合多种类型的文化资源，包括历史文物、历史文献、艺术作品、民俗文化等。除了展示各种珍贵的文物图片和三维模型外，还可以提供历史文献的电子文本阅读、艺术作品的高清图像展示以及民俗文化表演的视频播放等。例如，在一个关于中国传统文化的虚拟博物馆中，不仅可以看到古代青铜器、陶瓷、书画等文物的展示，还可以阅读到儒家经典、诗词歌赋等历史文献，欣赏到京剧、民间舞蹈等民俗文化表演视频，从多个角度、多个层面展现中国传统文化的丰富内涵和独特魅力。这种多类型文化资源的汇聚，为观众提供了全方位、立体化的历史文化感知体验，使观众能够更加全面地了解和认识一种文化的全貌。

虚拟历史博物馆在整合多元文化资源的过程中，还促进了跨学科知识的融合。由于历史文化与政治、经济、社会、科技、艺术等多个学科领域相互交织、相互影响，虚拟历史博物馆的展览内容往往涉及多学科的知识体系。例如，在展示古代科技发明的文物时，会涉及物理学、化学、工程学等学科知识的讲解；在介绍不同历史时期的社会生活时，会涉及社会学、人类学、民俗学等学科的研究成果。这种跨学科知识融合的特点，使得虚拟历史博物馆不仅是一个历史文化展示的场所，更是一个跨学科知识学习和交流的平台，有助于培养观众的综合素养和跨学科思维能力，激发观众对不同学科知识的兴趣和探索欲望。

虚拟历史博物馆在学生历史学习中扮演着极为重要的角色。它借助虚拟现实等技术，逼真地重现历史场景，如让学生仿佛置身于古代战争的硝烟之中或繁华的历史都市里，给学生带来强烈的感官冲击，极大地激发了他们的学习兴趣与好奇心。在虚拟博物馆中，学生能够与文物进行虚拟互动，详细了解文物的用途、制作工艺及背后的故事等，使历史知识不再枯燥，而是变得生动鲜活、易于理解。并且，虚拟博物馆可根据学生的不同需求和学习进度提供个性化的学习内容与路径，如同私人教师般贴心，有效提升学习效果，为学生开启了一扇通往历史深处的崭新大门，助力他们在历史学习的海洋中尽情遨游、深入探索。

## 第三节 互动学习工具之游戏化学习的魅力与实践

游戏化学习作为一种互动学习工具，具有其独特的魅力，其在教育领域被广泛实践。游戏化学习能够激发学生的学习兴趣、提升学习动力、促进知识掌握与技能培养，在不同教育阶段和学科领域都有应用。

在当今数字化时代，教育领域不断寻求创新的教学方法和工具，以满足学生日益多样化的学习需求。游戏化学习作为一种融合了游戏元素与教育目标的新兴学习方式，正逐渐崭露头角。它将游戏的趣味性、互动性和挑战性引入到学习过程中，为传统教育注入了新的活力，改变了学生对学习的认知和体验，具有巨大的发展潜力和广阔的应用前景。

游戏通常具有精美的画面、引人入胜的故事情节和丰富的角色设定。这些元素能够迅速吸引学生的注意力，使他们沉浸其中。例如，一款以历史为背景的游戏，可以让学生在探索古代文明的过程中，不知不觉地对历史知识产生浓厚的兴趣。与传统枯燥的课本学习相比，游戏化学习能够将抽象的知识转化为生动形象的情境，让学生更愿意主动参与学习。

　　游戏中的竞争机制、奖励系统和成就反馈是提升学生学习动力的关键因素。学生在游戏中为了获得更高的分数、解锁新的关卡或获得虚拟奖励，会积极地投入时间和精力去学习和掌握相关知识与技能。例如，在数学游戏中，通过设置限时解题挑战和奖励机制，学生会努力提高自己的解题速度和准确性，这种内在的学习动力能够持续推动他们在学习道路上前进。

　　游戏化学习往往将知识置于特定的情境中，让学生在解决实际问题的过程中运用所学知识。比如，在科学实验模拟游戏中，学生需要运用物理、化学知识来设计实验、操作仪器并分析结果，这样的学习方式有助于学生加深对知识的理解和记忆，提高知识的迁移能力。

　　游戏通常涉及视觉、听觉、触觉等多种感官的参与。例如，在语言学习游戏中，学生不仅可以看到单词和句子的文本显示，还能听到标准的发音，通过触摸屏幕进行互动操作，这种多感官协同作用能够增强学习效果，提高学生的信息处理能力和学习效率。

　　许多游戏需要玩家具备团队合作、沟通交流、决策制定、问题解决等综合技能。在多人在线游戏中，学生需要与队友协作完成任务，这一过程中他们学会了倾听他人意见、合理分工、协调行动，同时在面对游戏中的各种挑战和困难时，锻炼了自己的决策能力和问题解决能力，这些技能对于学生的未来发展具有极为重要的意义。

　　一些综合性的游戏项目可以促进跨学科学习。例如，一款关于历史故事的游戏，还可能涉及建筑学、地理学、社会学、环境科学等多学科知识。学生在游戏中需要考虑历史事件、地理布局、人口分布、建筑风格与功能、环境可持续性等多方面因素，从而整合不同学科的知识，培养跨学科思维和综合分析问题的能力。

传统教育观念往往强调知识的灌输和应试能力的培养，对于游戏化学习这种较为新颖的学习方式可能存在误解或偏见。部分教育工作者认为游戏会分散学生的注意力，影响学习效果，不愿意将游戏引入课堂教学。因此，需要加强教育观念的宣传和引导，让教育工作者认识到游戏化学习的优势和价值，积极转变教育观念，接受并尝试这种创新的教学方法。

要实现有效的游戏化学习，游戏的设计必须紧密围绕教育目标。然而，目前市场上的许多游戏虽然具有一定的趣味性，但在教育内容的深度和广度上可能无法满足教学要求，或者游戏机制与教学内容的结合不够紧密。这就需要教育工作者与游戏开发者密切合作，根据具体的教育课程和学生的学习需求，定制开发专门的游戏化学习产品，确保游戏能够精准地服务于教育目标，实现游戏性与教育性的有机统一。

游戏化学习通常依赖于先进的信息技术，如虚拟现实、增强现实、人工智能等技术的支持，以提供更加逼真和丰富的学习体验。然而，这些技术的应用需要相应的硬件设备、软件平台和网络环境，这对于一些教育机构尤其是经济欠发达地区的学校来说可能是一笔不小的开支。此外，游戏化学习资源的开发和维护也需要大量的人力、物力和财力投入，如何解决技术支持和资源投入问题，是游戏化学习广泛推广面临的重要挑战之一。

不同学生在学习风格、兴趣爱好、认知水平等方面存在显著的个体差异，而一款游戏化学习产品很难满足所有学生的需求。有些学生可能对某类游戏元素或游戏风格不感兴趣，或者在游戏学习过程中遇到困难而产生挫败感，影响学习效果。因此，在游戏化学习实施过程中，需要关注学生的个体差异，提供多样化的游戏选择，并根据学生的学习情况进行个性化的指导和支持，帮助学生更好地适应游戏化学习方式。

为了促进教育观念的转变和提升教师实施游戏化学习的能力，教育部门和学校应加强教师培训。培训内容可以包括游戏化学习的理论基础、游戏设计与开发原理、游戏在教学中的应用案例分析、教学评价方法等。通过培训，让教师深入了解游戏化学习的内涵和实施方法，掌握游戏化教学的设计技巧和课堂管理策略，鼓励教师在教学实践中积极探索和创新，逐步形成适合自己教学风格和学生特点的游戏化教学模式。

为了确保游戏设计与教育目标的匹配，需要建立教育机构与游戏产业之间的紧密合作机制。教育工作者应积极参与游戏的策划和设计过程，向游戏开发者提供教育需求和教学大纲等信息，使游戏开发者能够根据教育要求定制游戏内容和游戏机制。同时，游戏产业也可以为教育机构提供技术支持和资源共享，共同开发高质量的游戏化学习产品。此外，还可以设立相关的奖项和项目，鼓励游戏企业开发具有教育价值的游戏，促进教育游戏市场的繁荣发展。

针对游戏化学习的技术支持和资源投入问题，可以采取多渠道筹集资金和资源的方式。政府可以加大对教育信息化建设的投入，设立专项基金用于支持游戏化学习项目的开展，为学校配备必要的硬件设备和软件资源。学校自身也可以通过与企业合作、社会捐赠等方式获取资金和技术支持，如与科技企业合作共建实验室或实习基地，利用企业的技术优势开展游戏化学习实践。此外，还可以鼓励教师和学生自主开发简单的游戏化学习工具和资源，降低成本，提高资源的利用效率。

为了适应学生的个体差异，在游戏化学习中应实施个性化学习和差异化教学策略。教师可以通过对学生的学习风格、兴趣爱好、学习能力等方面的评估，为学生推荐合适的游戏化学习产品，并根据学生在游戏学习过程中的表现和反馈，提供个性化的学习指导和支持。例如，对于学习进度较快的学生，可以提供拓展性的游戏任务或挑战，激发他们进一步学习的潜力；对于学习困难的学生，可以给予更多的提示和辅导，帮助他们克服困难，逐步建立学习信心。同时，游戏化学习产品也可以设计多种难度级别和学习路径，让学生根据自己的实际情况进行选择，实现差异化学习。

总之，游戏化学习作为一种创新的互动学习工具，具有激发学习兴趣、提升学习动力、促进知识掌握与技能培养等多方面的魅力。它在基础教育领域有着广泛的实践应用，为教育教学带来了新的思路和方法。然而，游戏化学习在实施过程中也面临着教育观念转变、游戏设计与教育目标匹配、技术支持与资源投入、学生个体差异与游戏适应性等诸多挑战。通过加强教师培训、建立教育与游戏产业合作机制、多渠道筹集资源与寻求技术支持以及实施个性化学习与差异化教学等策略，可以有效地应对这些挑战，推动游戏化学习的健康发展。在未来的教育发展中，游戏化学习有望成为一种常态化的教学手段，为培养具有创新精神、实践能力和综合素养的人才发挥更大的作用。

# 第四节　模拟体验在历史教学中的应用场景

历史教学的目的不仅仅是传授历史知识，更重要的是培养学生的历史思维、人文素养和社会责任感。在传统的历史教学中，教师往往以讲授为主，学生被动地接受知识，这种教学方式容易导致学生学习兴趣不高、理解不深入。而模拟体验作为一种创新的教学方法，可以让学生亲身参与到历史事件中，感受历史的魅力，提高学习效果。

模拟体验能够将抽象的历史知识转化为生动的场景和活动，使学生更容易产生兴趣。例如，通过角色扮演模拟历史事件，学生可以亲身体验历史人物的情感和决策过程，从而更加投入地学习历史。

历史事件往往复杂而抽象，学生难以理解其全貌和内涵。模拟体验可以让学生在具体的情境中感受历史事件的发生过程、原因和影响，从而加深对其的理解。例如，模拟古代商业活动可以让学生了解古代经济的运行方式和商业文化。

历史思维包括分析、综合、比较、评价等能力。模拟体验可以让学生在实践中锻炼这些能力，如通过对历史事件的模拟和分析，培养学生的批判性思维和问题解决能力。

历史教学不仅要传授知识，还要进行情感教育，培养学生的爱国主义精神、民族自豪感和社会责任感。模拟体验可以让学生更加深刻地感受历史人物的爱国情怀和奉献精神，从而激发学生的情感共鸣。

教师可以利用图片、视频、音频等多媒体资源，创设生动的历史情境。例如，在讲解古代文明时，可以播放古代城市的图片和视频，让学生感受古代文明的辉煌；在讲解战争历史时，可以播放带有战争场面的视频，让学生感受战争的残酷。还可以通过角色扮演，让学生亲身体验历史人物的生活和情感。例如，在讲解唐朝历史时，可以让学生扮演唐朝的诗人、官员、百姓等角色，体验唐朝的文化和社会生活；在讲解第二次世界大战的历史时，可以让学生扮演盟军或轴心国的士兵，体验战争的紧张和残酷。

教师还可以组织学生进行实地考察，参观历史遗迹、博物馆等，让学生亲身感受历史的魅力。例如，在讲解中国古代史时，可以组织学生参观故宫、长城等历史遗迹，让学生了解中国古代的建筑艺术和文化底蕴；在讲解世界近代史时，可以组织学生参观圆明园遗址，让学生感受近代中国的屈辱历史。

战争是历史上的重要事件，通过模拟战争事件可以让学生了解战争的原因、过程和影响。例如，在讲解抗日战争时，可以组织学生进行模拟战斗，让学生体验抗日战争的艰苦和中国人民不屈不挠的精神；在讲解美国独立战争时，可以让学生模拟波士顿倾茶事件，让学生了解美国独立战争的导火索。

政治事件是历史发展的重要推动力，通过模拟政治事件可以让学生了解政治制度的演变和政治决策的过程。例如，在讲解英国资产阶级革命时，可以让学生模拟议会辩论，让学生了解英国资产阶级革命的背景和过程；在讲解中国古代政治制度时，可以让学生模拟古代朝廷议事，让学生了解中国古代政治制度的运行机制。

经济活动是人类社会发展的基础，通过模拟经济事件可以让学生了解经济发展的规律和经济制度的演变。例如，在讲解古代商业活动时，可以让学生模拟古代集市贸易，了解古代商业活动的方式和特点；在讲解工业革命时，可以让学生模拟工厂生产，了解工业革命对经济和社会的影响。

组织学生进行历史调查，了解当地的历史文化和历史遗迹，也是学习历史非常好的模拟体验方法。例如，在讲解家乡历史时，可以组织学生进行家乡历史调查，让学生了解家乡的历史变迁和文化传承；在讲解中国近现代史时，可以组织学生进行红色历史调查，了解中国共产党的革命历史和红色文化。

在模拟体验中，组织学生制作历史模型，如古代建筑模型、古代兵器模型等，让学生更加直观地了解历史。例如，在讲解中国古代建筑史时，可以组织学生制作故宫模型，了解中国古代建筑的特点和工艺；在讲解古代战争史时，可以组织学生制作古代兵器模型，了解古代兵器的种类和用途。

还可以要求学生制作历史视频，如历史短剧、历史纪录片等，让学生在制作过程中深入了解历史。例如，在讲解中国近现代史时，可以要求学生制作关于五四运动的历史短剧，了解五四运动的背景和过程；在讲解世界历史时，可以要求学生制作关于世界文化遗产的历史纪录片，了解世界文化遗产的价值和意义。

教师在设计模拟体验活动时，要根据教学目标和学生的实际情况，选择合适的历史事件和情境，制订详细的活动方案。活动方案要包括活动的目的、内容、步骤、评价标准等，确保活动的顺利进行。

在模拟体验活动中，教师要引导学生积极参与，发挥学生的主体作用。教师可以通过提问、引导讨论等方式，激发学生的思考和创造力，让学生在活动中获得更多的收获。

教师要及时对学生的模拟体验活动进行评价和反馈，让学生了解自己的优点和不足，以便在今后的学习中不断改进。评价和反馈要客观、公正、具体，既要肯定学生的努力和成果，也要指出学生存在的问题和不足。

模拟体验在历史教学中，要注意以下事项。首先，确保历史真实性。在模拟体验活动中，教师要确保历史的真实性，避免出现虚构或歪曲历史的情况。教师可以通过查阅历史资料、请教专家等方式，确保活动的内容和情节符合历史事实。其次，注意安全问题。在模拟体验活动中，教师要注意安全问题，避免学生发生意外事故。例如，在模拟战争事件时，要确保学生使用的道具安全可靠；在实地考察时，要提醒学生注意交通安全和人身安全。最后，关注学生个体差异。学生的学习能力和兴趣爱好存在个体差异，教师在设计模拟体验活动时，要关注学生的个体差异，满足不同学生的学习需求。例如，在角色扮演活动中，可以让学生根据自己的兴趣选择角色；在历史研究活动中，可以让学生根据自己的能力选择研究课题。

总之，模拟体验作为一种创新的教学方法，在历史教学中具有广泛的应用场景和重要的作用。通过创设历史情境、模拟历史事件、开展历史研究活动和制作历史作品等方式，可以激发学生的学习兴趣，增强对历史的理解，培养历史思维，提高学习效果。在实施模拟体验教学时，教师要精心设计活动方案，引导学生积极参与，及时进行评价和反馈，同时要注意历史真实性、安全问题和学生个体差异等方面的问题。相信在广大历史教师的共同努力下，模拟体验教学将为历史教学带来新的活力和创新方法，为培养具有历史素养和综合能力的人才作出更大的贡献。

## 第五节　社交媒体与历史教学结合的多种途径

历史是一门承载着人类文明发展历程的学科，对于学生了解过去、认识现在和展望未来具有极为重要的意义。然而，传统的历史教学往往面临着一些困境，如教学方式较为单一，以教师讲授为主，学生被动接受知识，缺乏学习的主动性和积极性；教学资源相对有限，主要依赖教材和有限的历史资料，难以满足学生对丰富多元历史知识的需求；教学互动性不足，课堂上学生与教师、学生与学生之间的交流互动不够深入，不利于学生批判性思维和合作能力的培养等。

社交媒体的兴起为历史教学的突破提供了新的机遇。社交媒体具有信息传播迅速、互动性强、资源丰富多样等特点，能够有效地弥补传统历史教学的不足。将社交媒体与历史教学有机结合，可以为历史教学注入新的活力，使历史课堂更加生动有趣、富有成效。

近年来，越来越多的教育工作者开始关注并尝试将社交媒体应用于历史教学中。在一些学校和地区，已经开展了相关的实践探索。例如，部分教师利用微博创建历史教学话题，引导学生参与讨论，分享历史学习心得和资料；有的教师在微信公众号上发布历史课程内容、历史故事、人物传记等，供学生课后阅读和学习；还有教师组织学生利用抖音等短视频平台制作历史主题的短视频作品，展示学生对历史知识的理解和创意表达。

然而，目前社交媒体在历史教学中的应用还存在一些问题。一方面，部分教师对社交媒体的认识和应用能力有限，只是简单地将其作为一种信息发布工具，未能充分发挥社交媒体的互动优势和教育功能；另一方面，在应用过程中，如何确保学生正确使用社交媒体，避免受到不良信息的干扰，以及如何合理评估学生在社交媒体学习活动中的表现等，都是需要进一步解决的难题。

社交媒体与历史教学结合有多种途径，首先，可以利用社交媒体平台进行历史知识传播，如开设历史教学专属社交媒体账号。教师可以在微博、微信公众号、抖音等社交媒体平台上开设专门的历史教学账号。在这些账号中，定期发布精心整理的历史知识内容，如历史事件的详细介绍、历史人物的生平事迹、历史时期的文化特色等。这些内容可以以文字、图片、音频、视频等多种形式呈现，以满足不同学生的学习需求和偏好。例如，在微信公众号上发布图文并茂的历史文章，结合生动的历史图片和简洁明了的文字说明，使学生能够更直观地了解历史事件的背景、过程和影响；在抖音上制作简短精悍的历史短视频，通过动画演示、情景再现等方式，快速吸引学生的注意力，激发他们对历史知识的兴趣。

社交媒体上汇聚了大量的优质历史教育资源，教师可以将这些资源进行筛选和整合，然后分享到自己的教学账号中，引导学生点击链接进行深入学习。这些资源包括历史纪录片、历史讲座视频、历史学术论文、历史文化网站等。例如，分享央视制作的《大国崛起》《河西走廊》等经典历史纪录片的链接，让学生在课后观看，通过纪录片中丰富的影像资料和深入的讲解，拓宽学生的历史视野，加深他们对历史事件和历史发展脉络的理解；推荐一些知名历史学者在网易云课堂、中国大学MOOC等在线教育平台上开设的历史课程链接，使学生有机会聆听专家学者的讲解，接触到更专业、更系统的历史知识。

教师在社交媒体平台上还可以发起历史话题讨论或辩论活动，设定具有争议性或启发性的历史话题，如"秦始皇的功过评价""工业革命对世界的影响是利大于弊还是弊大于利"等。鼓励学生积极参与讨论，发表自己的观点和见解，并与其他同学进行互动交流。在讨论过程中，教师可以适时引导学生运用历史资料和证据来支持自己的观点，培养学生的历史思维能力和批判性思维。例如，在微博话题讨论中，学生可以通过转发、评论等方式参与交流，教师可以关注学生的讨论动态，及时给予点评和指导，纠正学生的错误观点，引导讨论向深入、理性的方向发展。对于一些较为复杂的历史话题，还可以组织学生进行线上辩论活动，将学生分成正反两方，通过线上视频会议等方式进行辩论，锻炼学生的表达能力和应变能力。

利用社交媒体平台举办历史知识竞赛活动，也是一项不错的教育社交活动，能够激发学生的学习竞争意识，提高他们学习历史的积极性。教师可以在微信小程序或专门的在线竞赛平台上设计历史知识竞赛题目，涵盖历史事件、人物、文化、科技等多个方面的内容。学生在规定的时间内登录平台进行答题，系统自动评分并排名。竞赛结束后，对表现优秀的学生进行表彰和奖励，可以是电子证书、学习用品等。这种竞赛活动可以定期举办，如每月一次或每学期一次，形成一种长效的激励机制，促使学生不断学习和积累历史知识。同时，在竞赛过程中，学生为了取得好成绩，会主动查阅大量的历史资料，这也有助于培养他们自主学习的能力。

当下，随着社交媒体与历史教学的结合，历史项目式学习成为一种新型学习模式，可以有效促进学生的历史探究与合作学习。教师可以设计基于社交媒体的历史项目式学习任务，引导学生分组合作完成。例如，给定一个历史研究主题，如"本地历史文化的传承与发展"，学生分组后利用社交媒体平台进行资料收集、实地调研、采访等工作。他们可以在社交媒体上搜索相关的历史文献、图片、视频资料，联系本地的历史文化专家、学者或民间艺人进行线上采访，了解本地历史文化的特色和现状。各小组在完成资料收集和分析后，利用社交媒体工具制作项目成果展示，如制作历史文化主题的网页、PPT演示文稿、短视频等，并在社交媒体上进行分享和交流。通过项目式学习，学生不仅能够深入探究历史知识，还能培养团队合作精神、信息素养、创新能力等综合素养。

创建历史学习社区也是促进学生合作学习的有效途径。教师可以在社交媒体平台上建立历史学习小组或班级群，将学生聚集在一起。在学习社区中，学生可以自由交流历史学习心得、分享学习资源、提出问题并寻求帮助。教师也可以在社区中发布学习任务、组织讨论活动、解答学生的疑问等。此外，学习社区还可以邀请历史爱好者、专家学者等加入，为学生提供更多的学习指导和交流机会。例如，在QQ群或微信群中，学生可以随时分享自己在历史学习过程中遇到的有趣故事或疑难问题，其他同学可以参与讨论并提供帮助；教师可以定期在群里发布一些历史研究课题或讨论话题，引导学生进行深入思考和交流；邀请历史专业的大学生或研究生作为嘉宾，在群里开展线上讲座或答疑活动，让学生能够接触到更前沿的历史研究成果和学习方法。

当然，社交媒体与历史教学结合也有这样那样的问题，如信息真实性与可靠性问题。社交媒体上的信息来源广泛，内容繁杂，其中不乏一些虚假、错误或片面的历史信息。学生在使用社交媒体学习历史时，可能会受到这些不良信息的误导，影响他们对历史知识的正确理解和认知。

而且社交媒体具有很强的娱乐性和吸引力，学生在使用过程中容易被一些无关信息所干扰，导致注意力分散，无法专注于历史学习任务。例如，在观看历史短视频时，可能会被视频中的广告、推荐内容等吸引，偏离了学习主题。

而且部分教师对社交媒体技术的掌握程度有限，不知道如何有效地利用社交媒体开展教学活动。同时，一些教师受传统教学观念的束缚，对将社交媒体引入历史教学存在疑虑或抵触情绪，认为其可能会影响教学秩序和教学质量。

因此，在社交媒体环境下，学生的学习过程和成果呈现出多样化的特点，传统的教学评价方式难以全面、准确地评估学生的学习表现。此外，如何对学生在社交媒体上的学习行为进行有效的管理和监督，确保他们遵守网络道德规范和学习要求，也是一个亟待解决的问题。

针对这些问题，教师要加强对学生的信息素养教育，培养学生辨别信息真伪和优劣的能力。在教学过程中，教师要引导学生对社交媒体上的历史信息进行筛选和分析，教会他们如何查找可靠的信息来源，如何对比不同来源的信息，如何运用历史研究方法对信息进行验证等。同时，教师自己也要对分享的历史信息进行严格筛选，确保信息的真实性和准确性。

教师在设计基于社交媒体的历史学习任务时，一定要明确任务目标和要求，使学生能够清楚地知道自己需要完成的任务内容和重点。同时，要合理安排学习时间，避免学生长时间沉浸在社交媒体中。例如，可以设定具体的学习时间段，要求学生在规定时间内完成学习任务，并提交学习成果。此外，教师还可以采用一些技术手段，如限制学生访问某些无关网站或应用程序，帮助学生集中注意力。

同时，学校和教育部门应加强对教师的社交媒体技术培训，提高教师的信息技术应用能力和教学水平。培训内容可以包括社交媒体平台的基本操作、历史教学资源的整合与开发、基于社交媒体的教学活动设计与组织等。同时，要通过组织教学研讨活动、案例分享等方式，引导教师更新教学观念，认识到社交媒体在历史教学中的重要作用和价值，鼓励教师积极探索创新教学方法和模式。建立多元化的教学评价体系，综合考虑学生在社交媒体学习过程中的参与度、表现、成果等多方面因素进行评价。例如，除了传统的考试成绩外，还可以评价学生在历史话题讨论中的发言质量、在历史项目式学习中的团队协作能力、在历史知识竞赛中的表现等。同时，要制定明确的社交媒体学习规范和管理制度，对学生的学习行为进行约束和监督。例如，要求学生遵守网络文明公约，不得发布不当言论或抄袭他人作品；对违反规定的学生进行批评教育，并给予相应的处罚。

总之，社交媒体与历史教学的结合为历史教学带来了新的思路和方法，通过多种途径可以有效地激发学生的学习兴趣，拓宽教学资源，增强教学互动性，培养学生的综合素养。然而，在应用过程中也面临着一些挑战，需要教师、学校和教育部门共同努力，采取有效的应对策略加以解决。只有合理、科学地利用社交媒体，才能使其真正成为历史教学的有力助手，推动历史教学改革不断向前发展，让学生在更加丰富多彩、生动有趣的历史学习环境中，更好地传承和弘扬人类历史文化遗产。

## 第六节 数字工具与资源整合的策略

在数字化时代背景下，中学历史教学面临新的机遇与挑战。通过整合多种数字工具与丰富的资源，能够显著提升教学效果、激发学生学习兴趣并培养其历史思维与综合素养。

中学历史教学承载着传承人类文明、培养学生历史意识与价值观的重要使命。随着信息技术的迅猛发展，数字工具与资源日益丰富，为中学历史教学带来了前所未有的变革契机。如何有效地整合这些数字工具与资源，使其与中学历史教学深度融合，成为当前历史教育工作者亟待研究与探索的重要课题。合理的整合策略不仅能够丰富教学内容与形式，还能更好地满足学生多样化的学习需求，提升教学质量，助力学生在历史学习中获得更全面的发展。

前面说过，部分中学历史教师已开始尝试在教学中引入数字工具与资源。例如，使用多媒体课件展示历史图片、视频等资料，以增强教学的直观性；利用网络搜索历史文献、考古发现等信息来补充教材内容。然而，这种整合仍处于较为初级的阶段，存在诸多问题。一方面，数字工具的应用较为零散，缺乏系统性规划，往往只是简单地将数字资源堆砌在教学过程中，未能充分发挥其协同效应。另一方面，教师对数字工具与资源的挖掘不够深入，许多潜在的功能与价值未被有效利用，如一些历史教学软件中的互动功能、数据分析功能等未得到充分开发。此外，在资源整合过程中，还面临资源质量参差不齐、版权问题以及学校信息化基础设施不完善等制约因素，影响了数字工具与资源在中学历史教学中整合的广度与深度。

那么如何实现数字工具与资源同历史教学的有效整合呢？

一方面，教师应广泛收集与整理各类历史多媒体资源，包括历史图片、地图、音频、视频等，建立起本校或本班级的历史素材库。例如，收集不同历史时期的文物图片，如后母戊鼎、清明上河图等高清图片，让学生直观感受历史文物的精美与历史文化的厚重；收集历史战争的音频资料，如古代战争的鼓角齐鸣、近代战争的枪炮声等，使学生仿佛置身于历史的硝烟之中。同时，对这些素材进行分类整理，按照历史时期、历史事件、历史人物等维度进行标注与归档，方便在教学中快速检索与调用。

另一方面，在制作历史多媒体课件时，要避免简单的文字加图片的堆砌，而是要注重内容的逻辑性与视觉效果的吸引力。例如，在讲解历史事件的过程中，可以穿插相关的视频片段来展示事件的发展过程，如在讲述辛亥革命时，播放电影《辛亥革命》中的精彩片段，让学生更清晰地了解革命的背景、经过与意义。如在讲述中国历史时，运用动画效果来呈现历史地图的演变，如展示中国古代疆域的变迁、丝绸之路的路线变化等，使学生更好地理解历史地理概念。此外，合理搭配音频元素，如在介绍历史文化时，播放相应的古典音乐或民间音乐，营造浓厚的历史氛围。

前面章节还提到过互动式教学软件的运用，选择适合中学历史教学的互动式教学软件，如一些历史知识问答软件、历史场景模拟软件等。在课堂教学中，利用历史知识问答软件开展知识竞赛活动，将学生分成小组，通过软件进行限时答题、抢答等环节，激发学生的学习竞争意识与团队合作精神，同时巩固学生的历史知识。历史场景模拟软件则可以让学生扮演历史人物，参与到历史事件的模拟决策中，如在学习古希腊民主政治时，学生可以模拟雅典公民参与公民大会的场景，对重大议题进行讨论与投票，从而深入理解古希腊民主政治的运行机制与特点。

在学习效果评价方面，还可以借助数据分析软件对学生的历史学习情况进行全面、精准的评价。教师可以将学生的课堂表现、作业完成情况、考试成绩等数据录入到数据分析软件中，软件通过数据分析算法，生成学生的学习画像，如学生的知识掌握薄弱点、学习进步趋势、学习风格偏好等。教师根据这些分析结果，能够及时调整教学策略，为学生提供个性化的学习指导。例如，如果数据分析显示某学生在世界近现代史的经济史部分理解困难，教师可以有针对性地为其推荐相关的学习资源，如经济史专题纪录片、学术文章等，并设计专门的辅导练习。

除了上述结合，最重要的是构建本校历史课程平台。学校可以整合本校历史教师的优质教学资源，包括教学设计、教学课件、教学视频等，自主搭建历史课程在线学习平台。在平台上设置课程学习模块、课后作业模块、在线讨论模块等功能区。学生可以在平台上自主学习历史课程内容，按照教师的要求完成课后作业，并在在线讨论区与教师和同学进行互动交流。例如，教师在讲解完一个历史单元后，可以在平台上发布相关的拓展性学习任务，如要求学生撰写历史小论文，并在讨论区分享自己的写作思路与观点，教师和其他同学进行点评与讨论，促进学生之间的思想碰撞与知识共享。

其他的结合方式，如利用公共在线教育平台资源，前面都有提及，此处不再赘述。

数字工具与资源整合需关注的问题也有很多，首先就是数据安全与隐私保护的问题。在整合数字工具与资源的过程中，涉及大量学生的学习数据、个人信息以及学校的教学资源数据等。教师和学校必须高度重视数据安全与隐私保护问题。一方面，要选择正规、可靠的数字工具与平台，确保其具备完善的数据加密技术、访问控制机制等数据安全保障措施。例如，在使用在线学习平台时，要了解平台对学生数据的存储、传输与使用规则，确保平台不会泄露学生的个人信息。另一方面，学校要建立健全自身的数据安全管理制度，对教师和学生进行数据安全培训，提高其数据安全意识。例如，教师在收集学生学习数据时，要遵循最小化原则，仅收集与教学相关的数据，并妥善存储与保管，防止数据被非法获取或滥用。

其次，教师是数字工具与资源整合的关键实施者，其数字素养的高低直接影响整合的效果。因此，学校要加强对教师的数字素养培训。培训内容包括数字工具的基本操作技能，如多媒体课件制作软件、历史教学软件、在线学习平台的使用方法等；数字资源的筛选与整合能力，如如何在海量的网络资源中筛选出高质量、适合中学历史教学的资源，并将其有效地整合到教学过程中；数据驱动的教学决策能力，即如何运用数据分析结果来优化教学策略、改进教学方法等。学校可以通过组织校内培训、邀请专家讲座、开展教师之间的数字教学经验交流等方式，提升教师的数字素养，使教师能够熟练驾驭数字工具与资源，为教学服务。

最后，学生作为数字工具与资源的使用者，也需要具备一定的数字素养。学校要将数字素养教育纳入中学历史教学体系中。在历史课堂教学中，教师可以引导学生正确使用数字工具进行历史学习，如如何利用搜索引擎查找准确的历史资料、如何辨别网络历史信息的真伪等。同时，培养学生的数字创作能力，如鼓励学生利用多媒体软件制作历史主题的短视频、电子海报等作品，展示自己对历史知识的理解与创意。此外，通过开展数字历史学习项目等活动，培养学生的数字合作能力与问题解决能力，如组织学生分组完成一个基于数字平台的历史研究项目，学生在项目过程中需要运用数字工具进行资料收集、数据分析、成果展示等工作，从而全面提升学生的数字素养，使学生更好地适应数字化历史学习环境。

总之，在中学历史教学中整合数字工具与资源是时代发展的必然要求，也是提升教学质量、促进学生全面发展的重要途径。通过多媒体资源整合、历史教学软件应用、在线学习平台搭建等策略的有效实施，并关注数据安全与隐私保护、教师数字素养提升、学生数字素养培育等关键问题，能够实现数字工具与资源与中学历史教学的深度融合。这不仅能够丰富历史教学的内容与形式，激发学生的学习兴趣与主动性，还能培养学生的历史思维、创新能力与数字素养，为学生的未来发展奠定坚实的基础。中学历史教育工作者应积极探索与实践数字工具与资源整合策略，不断推动中学历史教学的数字化创新与进步。

# 第三章　数字赋能在历史教学中的实践案例

## 第一节 案例分析：中学历史教学"古代丝绸之路"项目实践案例

在当今数字化时代，教育领域正经历着深刻变革。中学历史教学也面临新的机遇与挑战，如何将数字技术有效融入教学，提升学生学习兴趣与效果，成为重要课题。当下，数字技术融入历史教学，正随着现代科学技术的飞速发展，通过计算机、互联网、云计算、人工智能等深刻地影响着历史教学的发展，改变着历史课教和学的方式。如何评估数字技术和历史数学的质量，构建教育领域人工智能大模型训练数据集、搭建教育领域人工智能大模型测试场，用人工智能赋能学生学习与发展，促进历史教学方式的变革。其教学质量的高和低，目前的主要评价标准是四维评估矩阵，即权威性、准确性、技术性、伦理性，具体见表4。以"古代丝绸之路"教学项目为例，旨在借助数字资源与工具，让学生深入领略古代丝绸之路的历史意义、文化交流与经济往来，培养其历史思维与综合素养。

### 表4 四维评估矩阵应用

| 维度 | 评估要点 | 权重 |
| --- | --- | --- |
| 权威性 | 发布机构资质 / 作者学术身份 | 30% |
| 准确性 | 多方史料交叉验证 / 学术引用率 | 35% |

续表

| | | |
|---|---|---|
| 技术性 | 元数据完整性 / 数据可追溯性 | 20% |
| 伦理性 | 文化敏感性 / 隐私保护条款 | 15% |

**教学目标：**

知识与技能目标——学生能够熟知古代丝绸之路的起源、路线、主要贸易商品、文化传播等基础知识；熟练掌握利用数字图书馆、历史数据库等工具进行资料搜集与整理的技能。

过程与方法目标——通过小组合作探究，提升团队协作与沟通能力，学会从不同角度分析历史问题；借助数字化平台开展讨论与交流，培养批判性思维与信息整合能力。

情感态度与价值观目标——深刻感悟古代丝绸之路所蕴含的开放包容、互利共赢精神，增强民族自豪感与文化自信；培养学生对世界多元文化的尊重与理解，树立全球视野与和平发展理念。

**教学对象：**

高中一年级学生，他们已对中国古代史有一定了解，具备基本的信息搜索与处理能力，但在深入理解历史事件的复杂性与跨文化交流方面有待提高。

**教学准备：**

教师准备——构建数字化教学空间，如利用在线学习平台创建课程专属页面，设置资料区、讨论区、作业区等板块；整合各类数字资源，包括关于古代丝绸之路的高清纪录片、历史地图数字化资源、学者讲座视频、考古发现图片与报道等，并上传至教学平台资料区；设计教学项目任务书，明确各阶段任务、要求及评价标准，如资料收集清单、小组探究问题、成果展示形式等；开展数字工具使用培训，如教会学生使用文献管理软件、简单的图片编辑软件以及在线协作工具等，确保学生能顺利开展项目学习。

学生准备——依据兴趣与特长自由分组，每组5—6人，确定组名与组长；提前熟悉教学平台操作流程与各类数字工具基本功能，为项目开展做好技术铺垫。

**教学过程：**

项目导入（1课时）

教师在多媒体教室播放一段精彩的古代丝绸之路纪录片片段，展示丝绸之路上的壮丽风光、繁忙商队以及多元文化交融场景，引发学生对古代丝绸之路的好奇心与探索欲。

提出项目主题"重走古代丝绸之路：探寻历史的辉煌与传承"，并详细介绍项目目标、整体流程与大致时间安排，让学生对项目有初步的整体认知。

各小组开展初步讨论，结合自身兴趣与对丝绸之路的初步印象，确定小组探究方向，如丝绸之路的贸易商品研究、文化传播对沿线地区的影响、不同历史时期丝绸之路的变迁等。

知识奠基与数字资源挖掘（2课时）

教师在教学平台资料区发布精心制作的古代丝绸之路基础知识课件，涵盖丝绸之路的开通背景、主要路线走向、汉唐时期的繁荣景象等内容，同时附上相关微课视频，便于学生自主学习与反复观看。学生学习后完成在线基础知识测试，教师据此了解学生知识掌握情况并进行有针对性的辅导。

引导学生深入教学平台资料区以及教师推荐的外部数字资源库，如专业历史网站、数字图书馆等，按照小组探究方向搜集资料。例如，研究贸易商品的小组重点搜索丝绸、瓷器、香料等商品的产地、制作工艺、贸易路线与销售市场等信息；关注文化传播的小组则搜集佛教、伊斯兰教等宗教在丝绸之路上的传播路径、与本土文化的融合案例以及艺术、文学等方面的交流成果。教师在平台上实时跟踪学生资料搜集情况，及时解答学生在资源搜索过程中遇到的技术问题与资料筛选困惑。

小组协作探究（4课时）

各小组基于搜集的资料展开深度合作探究。运用思维导图软件构建小组知识框架，梳理探究方向的核心要点与逻辑关系，如将丝绸之路贸易商品研究小组的框架设定为商品种类、贸易路线、贸易影响等分支，再进一步细化各分支内容。利用数据分析软件对贸易数据、文化交流频次等进行量化分析，以直观呈现历史现象背后的规律。例如，通过统计不同时期丝绸出口数量变化，分析丝绸之路贸易兴衰与政治、经济环境的关联。

小组内部定期组织线上线下相结合的讨论活动。线上利用教学平台讨论区分享资料、交流观点、提出问题；线下在教室进行面对面的深度研讨，共同解决探究过程中遇到的难点问题，如对某些历史事件因果关系的争议、对文化交流深层次内涵的理解分歧等。教师定期参与各小组讨论，适时给予启发与引导，如提供新的研究视角、推荐补充资料或协调小组内部矛盾，确保探究活动顺利推进。

成果展示与交流互动（3课时）

各小组运用数字化展示手段呈现探究成果。有的小组制作精美的PPT，运用动画效果、视频插入等功能生动展示丝绸之路文化传播对沿线建筑风格的影响；有的小组创作短视频，以角色扮演、实地拍摄与历史资料剪辑相结合的方式重现古代丝绸之路上的贸易场景；还有的小组搭建互动式网页，设置历史知识问答、文化交流故事分享、沿线景点虚拟游览等板块，全方位展示探究成果。

在课堂成果展示环节，各小组依次上台展示，展示后其他小组通过教学平台的实时投票与评论功能进行评价与提问。例如，针对某小组关于丝绸之路贸易对欧洲中世纪社会影响的展示，其他小组可能会提问"贸易带来的科技传播如何具体改变了欧洲的生产方式？""在贸易往来中，欧洲与亚洲的贸易逆差对双方社会结构产生了哪些不同影响？"展示小组进行现场解答与进一步阐述，展开热烈的互动交流。教师在这一过程中，对各小组展示内容进行总结点评，肯定优点与创新之处，指出存在的不足与改进方向，引导学生进行更深层次的思考与讨论。

项目总结与拓展延伸（1课时）

教师引导学生回顾整个项目学习过程，总结在数字赋能环境下历史学习的方法与经验。如如何高效筛选与利用数字资源、怎样在小组合作中充分发挥个人优势与团队力量、如何运用数字化工具提升历史分析与表达能力等。

**布置拓展任务：**

要求学生以个人或小组为单位，选择古代丝绸之路沿线的一个国家或地区，利用数字绘画软件创作一幅反映古代丝绸之路与该地区交流融合的艺术作品，或者撰写一篇以"我眼中的古代丝绸之路与现代一带一路倡议"为主题的短文，将古代丝绸之路的历史学习与现代国际合作理念相联系，进一步深化学生对丝绸之路历史价值与现实意义的理解与认识。

综合学生在项目学习各环节的表现，包括资料搜集成果、小组协作情况、成果展示质量、参与讨论活跃度等多方面因素，进行全面客观的评价。评价主体多元化，涵盖学生自评、小组互评与教师评价，评价结果作为学生本学期历史课程成绩的重要组成部分，并为学生提供详细的评价反馈报告，帮助学生了解自身优势与不足，促进其持续学习与成长。

**成功的数字历史教学项目的特色：**

海量且精准的数字资源整合——教师在项目筹备阶段广泛搜集与古代丝绸之路相关的数字资源，涵盖多种媒体类型。从高清的历史纪录片，如《河西走廊》，让学生直观感受丝绸之路的历史脉络与文化底蕴；到数字化的历史地图资源，清晰呈现丝绸之路的路线变迁与沿线地理环境；再到丰富的考古发现图片与报道，为学生提供第一手的历史实证资料。这些资源均经过教师严格筛选与整理，确保其准确性、权威性和与教学目标的高度契合性。例如，在讲解丝绸之路贸易商品时，教师能精准地从众多资源中选取关于丝绸制作工艺的详细图文资料、瓷器在海外市场的考古发现报道以及香料贸易路线的专业研究论文等，为学生提供全面深入且精准的学习资料，极大地拓宽了学生的历史视野，激发其深入探究的兴趣。

数字资源具有动态更新的特性——随着考古新发现的不断涌现、历史研究的深入推进以及数字技术对文化遗产的进一步挖掘与呈现，教师能够及时将这些新的资源融入教学资源库。例如，当有新的丝绸之路考古遗址出土重要文物时，教师可迅速获取相关报道、图片与初步研究成果，并分享给学生，引导学生关注历史研究的前沿动态，培养其对历史学科的敏锐度与探索精神。

小组合作探究式学习的深度开展——项目以小组合作探究为核心学习模式，充分体现学生主体地位。在确定探究方向环节，学生依据自身兴趣自主选择，如有的小组对丝绸之路的音乐舞蹈传播感兴趣，有的则聚焦于丝绸之路的科技交流。在资料搜集与分析阶段，小组成员分工协作，有的负责在数字图书馆搜索文献资料，有的专注于从历史数据库挖掘数据，有的则对搜集到的图片与视频资料进行整理编辑。在成果展示准备过程中，成员共同策划展示形式、撰写脚本、制作展示作品，充分发挥各自的特长与优势。例如，擅长文字表达的学生负责撰写展示文案，具有艺术天赋的学生负责设计展示页面或创作视频脚本，而信息技术能力较强的学生则承担数字化作品的制作与技术支持工作。这种小组合作模式不仅提升了学生的团队协作能力与沟通交流技巧，更让学生在自主探究过程中学会从不同视角分析历史问题，培养其批判性思维与创新能力。

数字化教学平台为小组合作探究提供强大支撑——平台的在线协作工具允许小组成员实时共同编辑文档、制作思维导图，打破了时间与空间的限制，提高了合作效率。例如，小组可以在不同时间、不同地点对探究报告进行协同撰写，成员的修改与补充能够即时显示，方便大家讨论与完善。平台的讨论区功能则为小组内部以及小组之间的交流提供了便捷渠道，学生可以随时发布问题、分享观点、展开辩论，促进知识的共享与思想的碰撞，营造活跃的学习氛围。

数字化工具促进历史思维进阶——学生在项目学习中广泛运用数字化工具，这些工具对其历史思维的培养起到关键作用。思维导图软件帮助学生构建系统的历史知识网络，如以丝绸之路为核心主题，延伸出贸易、文化、政治、地理等多个分支，再将各个分支细化为具体的知识点与历史事件，清晰地呈现出历史要素之间的相互关系，锻炼了学生的逻辑思维与归纳总结能力。数据分析软件使学生能够对历史数据进行量化处理，如分析丝绸之路不同时期贸易额的变化曲线，从而深入探究背后的政治、经济、社会等多种因素的影响，培养了学生的实证思维与因果分析能力。虚拟地理信息系统（GIS）工具则让学生从空间维度直观感受丝绸之路的路线走向、沿线地区的地理特征以及不同文化区域的分布，拓宽了学生的时空观念，使其能够更好地理解历史事件发生的背景与环境。例如，通过在GIS系统中观察丝绸之路沿线的地形地貌与城市分布，学生能够深刻体会到地理因素对贸易路线选择与文化传播的重要性，进而提升对历史复杂性的认知。

数字化工具还为学生提供了创新的历史探究方法。例如，利用3D建模软件对古代丝绸之路的重要建筑或文物进行复原建模，学生可以通过改变模型的参数，如建筑的结构比例、文物的装饰细节等，深入探究其设计理念与历史文化内涵。这种基于数字化工具的探究方式打破了传统历史学习的局限，激发了学生的创造力与想象力，让学生以全新的视角去理解与诠释历史，为其历史思维的深度发展提供了无限可能。

数字化成果展示与交流的多元互动——各小组的成果展示形式丰富多样且极具数字化特色。除了传统的PPT展示外，学生还充分利用短视频制作软件、互动式网页设计工具等进行成果呈现。短视频能够融合音乐、动画、实景拍摄等多种元素，生动形象地再现古代丝绸之路的历史场景，如商队的长途跋涉、文化交流的盛大集会等，使观看者仿佛穿越时空，亲身体验丝绸之路的魅力。互动式网页则为观看者提供了更加丰富的参与体验，通过设置历史知识问答游戏、虚拟旅游线路规划、文化交流故事分享社区等板块，吸引观看者主动探索与学习，打破了传统展示方式的单向性，实现了展示者与观看者之间的深度互动。例如，在一个关于丝绸之路文化交流的互动式网页中，观看者可以点击不同的文化元素图标，了解其在丝绸之路传播过程中的演变历程，并在留言区分享自己的感悟与见解，形成良好的学习交流社区氛围。

数字化教学平台为成果展示与交流搭建了广阔的舞台——学生的展示作品能够在平台上长期保存与展示，方便全校师生随时观看与评价。平台的评论与点赞功能促进了学生之间的相互学习与激励，学生可以从他人的评价中获取反馈信息，进一步完善自己的作品与知识体系。同时，教师也能够通过平台全面了解学生的学习成果与思维过程，及时发现教学过程中的优点与不足，为后续教学提供宝贵的经验参考。此外，平台的分享功能还可以将优秀的成果展示作品推广到其他学校或教育平台，拓宽了学生的交流范围与学习视野，促进了不同地区学生之间的文化交流与思想碰撞，提升了项目的影响力与教育价值。

**教学效果与反思：**

教学效果——学生对古代丝绸之路的知识掌握更加牢固且深入，通过自主探究与小组合作，学生不仅了解了丝绸之路的基本史实，还能从多个维度分析其历史意义、文化价值与经济影响，在项目成果展示中能够运用丰富的资料进行深刻的见解阐述，历史素养得到显著提升；信息素养与数字化技能大幅提高。在资料搜集、整理、分析以及成果制作与展示过程中，学生熟练掌握了多种数字工具的操作技巧，学会了如何在海量信息中筛选有价值的内容，能够运用数字化手段解决历史学习中的实际问题，为其未来的学习与生活奠定了坚实的基础；团队协作与沟通能力得到有效锻炼，小组合作探究模式促使学生学会倾听他人意见、合理分工、协调矛盾，在共同完成项目任务的过程中建立了良好的团队合作关系，提升了人际交往与沟通能力，培养了集体荣誉感与责任感；学习兴趣与自主学习意识明显增强。数字赋能的教学方式使历史学习变得更加生动有趣、富有挑战性，激发了学生的好奇心与求知欲，让学生从被动接受知识转变为主动探索历史奥秘，养成了自主学习的良好习惯，为终身学习奠定了思想基础。

教学反思——尽管教师已尽力涵盖多方面资源，但在数字资源整合方面仍可能存在资源深度挖掘不够的情况，例如，对于某些专业性较强的历史研究资料，可能未充分考虑到初中学生的接受程度，导致部分学生在资料理解上存在困难。未来应更加注重资源的分层处理与针对性筛选，根据学生的年龄特点与知识水平提供适宜的学习资料；在小组合作探究过程中，个别小组可能会出现"搭便车"现象，即部分成员参与度不高，依赖其他成员完成任务。教师在小组组建与过程监控中应进一步优化策略，如在小组组建时考虑成员能力与性格的互补性，在过程中加强对小组活动的监督与评价，及时发现并解决此类问题，确保每个学生都能在项目中得到充分锻炼与成长；数字化成果展示环节，虽然形式多样且互动性强，但在评价体系上还可进一步完善，除了关注展示内容的准确性与丰富性、展示形式的创新性与吸引力外，还应更加注重对学生在项目过程中所展现的历史思维能力、团队协作精神、自主学习能力等综合素质的评价，使评价结果更全面、客观地反映学生的学习成果与成长情况，更好地发挥评价对教学的反馈与促进作用。

"古代丝绸之路"数字历史教学项目实践，充分展示了数字技术在中学历史教学中的巨大优势与潜力。它为历史教学注入了新的活力，有效提升了学生的学习效果与综合素养。在未来的教学中，应持续探索与创新数字赋能历史教学的模式与方法，充分发挥数字资源与工具的作用，为学生打造更加丰富多彩、高效优质的历史学习体验，让历史学科在数字化时代焕发出新的光彩。

## 第二节　教师的数字素养要求与专业发展路径

数字赋能为历史教学带来了丰富的资源、创新的教学方法和多样化的学习体验，但同时也对教师的数字素养提出了新的更高要求。教师作为历史教学的组织者和引导者，其数字素养的高低直接影响着数字技术在历史教学中的应用效果，进而关系到学生历史学习的质量和素养的提升。

数字赋能历史教学对教师数字素养提出了一定的要求，首先是数字意识与敏感度。

教师首先要具备强烈的数字意识，深刻认识到数字技术在历史教学中的巨大潜力和价值。了解数字技术如何能够突破传统教学的时空限制，为学生提供更加丰富、生动、个性化的历史学习资源和体验。例如，意识到通过虚拟现实（VR）技术可以让学生身临其境地感受历史事件发生的场景，增强历史的真实感和代入感；利用大数据分析可以精准把握学生的历史学习需求和困难，从而实现因材施教。同时，教师要对数字技术的发展动态保持高度敏感，及时关注并了解新出现的数字工具、软件和资源平台，如新兴的历史教学APP、在线历史课程制作工具等，以便能够迅速将其引入到教学实践中，不断优化教学效果。

历史教学需要丰富多样的资源支持，在数字环境下，教师要能够熟练地从海量的网络资源中获取与历史教学相关的优质素材，包括历史文献、图片、音频、视频、动画等。这要求教师掌握有效的信息检索技巧，如使用专业的历史数据库、学术搜索引擎，运用准确的关键词和筛选条件，快速定位到所需的资源。例如，在教授"古代文明的交流与传播"一课时，教师能够从国内外知名的历史文化数据库中检索到关于丝绸之路贸易往来、文化交流的原始文献资料，以及相关的考古发掘图片和纪录片视频片段。获取资源后，教师还需具备整合能力，根据教学目标和学生的认知特点，对不同类型、来源的资源进行筛选、整理和优化组合，构建一个逻辑清晰、内容完整、层次分明的历史教学资源体系，使这些资源能够相互补充、协同作用，为学生呈现一个全面、立体的历史画卷。

为了将数字资源有效地融入教学过程，教师必须熟练掌握各种数字工具的操作和应用。这涵盖了教学辅助工具，如多媒体课件制作软件（PowerPoint、Prezi等），能够制作出内容丰富、形式美观、交互性强的课件，将文字、图像、音频、视频等元素巧妙地融合在一起，以生动形象的方式展示历史知识；在线教学平台（如腾讯课堂、钉钉等），实现线上直播授课、课程管理、作业布置与批改、师生互动交流等功能，打破教学的时空局限，满足学生多样化的学习需求；历史教学专业工具，如历史地图绘制软件（MapInfo、ArcGIS等），可以绘制不同历史时期的地图，直观地展示历史事件发生的地理位置、疆域变迁、人口迁徙等信息，帮助学生更好地理解历史的空间维度；还有数据分析工具（Excel、SPSS等），用于分析学生的历史学习成绩数据、课堂表现数据等，以便了解学生的学习情况，发现问题并及时调整教学策略。此外，教师还应鼓励学生使用一些适合他们的数字学习工具，如笔记软件（印象笔记、OneNote等）、思维导图工具（XMind、幕布等），帮助学生提高学习效率和思维能力，并能够给予学生相应的指导和技术支持。

数字赋能下的历史教学设计需要教师具备创新思维和整合能力，将数字技术与历史教学内容、教学方法有机结合。教师要根据历史课程标准和教学目标，结合数字资源和工具的特点，设计出具有吸引力、互动性和探究性的教学活动。例如，利用数字化故事讲述平台，引导学生创作并分享自己的历史故事，培养学生的历史表达能力和创造力；设计基于网络协作学习的历史项目，让学生分组开展历史课题研究，通过在线讨论、资料共享、合作撰写报告等方式，提高学生的团队协作能力和自主学习能力；借助虚拟现实或增强现实技术创设历史情境，让学生在虚拟环境中进行角色扮演、历史场景模拟等活动，加深学生对历史事件和人物的理解与体验。在教学设计过程中，教师还要充分考虑学生的个体差异和数字素养水平，合理安排教学环节和难度层次，确保每个学生都能在数字历史学习中有所收获，促进学生的全面发展。

在数字教学环境中，教师的教学管理和评价方式也发生了相应的变化。教师要能够熟练运用在线教学平台的管理功能，对学生的学习过程进行有效的监控和管理，如查看学生的学习进度、参与度、作业完成情况等，及时发现学生在学习过程中遇到的问题和困难，并给予及时的指导和帮助。同时，教师要掌握数字环境下的教学评价方法，除了传统的考试评价外，还应注重过程性评价和多元化评价。利用学习分析技术，通过对学生在在线学习平台上的学习行为数据（如登录次数、学习时长、资源浏览记录、讨论发言情况等）的分析，全面了解学生的学习态度、学习习惯、知识掌握程度和能力发展水平，为教学评价提供客观、准确的数据支持。此外，教师还可以引导学生进行自我评价和互评，如通过在线作品展示与评价平台，让学生展示自己的历史学习成果（如历史论文、项目报告、数字作品等），并相互评价和交流，培养学生的批判性思维和反思能力，促进学生之间的相互学习和共同进步。

随着数字技术在历史教学中的广泛应用，教师还需关注数字伦理和安全问题。在使用数字资源时，要教育学生尊重知识产权，遵守相关法律法规，正确引用和注明资料来源，避免抄袭和侵权行为。例如，在指导学生制作历史课件或撰写历史论文时，要求学生使用合法的图片、文字等素材，并按照规定标注出处。同时，教师要引导学生树立正确的数字价值观，培养学生在数字空间中的信息辨别能力和批判性思维，防止学生受到虚假信息、不良信息的误导和影响。例如，在教授历史事件时，引导学生对网络上各种关于历史事件的解读和评论进行分析和甄别，帮助学生树立正确的历史观。此外，教师还要重视学生的数字隐私和网络安全，教导学生如何保护个人信息，如在使用在线学习平台时，提醒学生设置强密码、不随意泄露个人账号信息等，避免学生在数字学习过程中遭受网络诈骗、信息泄露等安全威胁。

教师要提高数字素养，就要持续学习，参加专业培训课程。教育部门、学校或专业培训机构会定期举办数字素养培训课程，教师应积极参加。这些课程内容丰富多样，涵盖了数字技术基础知识、数字教学工具应用、数字教学设计与实施等方面。例如，关于多媒体课件制作技巧的培训，可以帮助教师提升课件的质量和教学效果；有关在线教学平台使用方法的培训，使教师能够熟练掌握线上教学的流程和管理技巧；还有针对特定历史教学软件（如历史地图软件、历史数据分析软件等）使用的培训，让教师能够更好地运用这些专业工具开展历史教学。通过参加这些专业培训课程，教师可以系统地学习与数字素养相关的知识和技能，及时更新自己的知识体系，跟上数字技术发展的步伐。

教师要养成自主学习的习惯，利用业余时间主动学习与数字素养相关的知识。互联网上有大量丰富的在线学习资源可供教师选择，如在线课程平台（网易云课堂、中国大学MOOC等）上有许多关于信息技术与教育教学融合的课程，教师可以根据自己的需求和兴趣选择相应的课程进行学习。此外，还有许多教育技术博客、论坛等，教师可以在这些平台上与同行交流学习心得、分享教学经验，了解数字素养领域的最新研究成果和实践案例。例如，在教育技术博客上，教师可以阅读到其他教师关于如何将数字游戏融入历史教学的经验分享，从中获取灵感并应用到自己的教学实践中。同时，教师还可以关注一些数字技术企业或教育科技公司的官方网站，了解他们推出的新的数字教学产品和解决方案，及时掌握数字技术在教育领域的创新应用动态。

教师要勇于将所学的数字素养知识和技能应用到实际历史教学中，通过实践不断积累经验。在教学实践中，尝试运用不同的数字资源和工具，设计多样化的教学活动，探索适合自己和学生的数字教学模式。例如，在教授某一历史时期的文化艺术时，可以先利用数字博物馆资源让学生在线参观相关文物展览，然后组织学生进行小组讨论，最后让学生运用数字绘画工具创作一幅反映该时期文化特色的作品，并在班级内进行展示和交流。通过这样的教学实践，教师可以观察学生的学习反应和效果，发现教学过程中存在的问题和不足之处，为进一步改进教学提供依据。

教学反思是教师专业成长的重要环节。在数字历史教学实践后，教师要及时进行反思，总结教学过程中的成功经验和失败教训。分析哪些数字资源和工具的使用效果较好，哪些需要进一步优化；思考教学活动的设计是否合理，是否充分发挥了数字技术的优势，是否满足了学生的学习需求；评估教学评价方式是否科学、全面，能否准确反映学生的学习成果和进步情况。例如，在一次利用在线协作学习平台开展的历史项目学习后，教师发现部分学生在小组合作过程中存在沟通不畅、分工不合理的问题，经过反思后意识到在教学活动设计时应加强对学生团队协作能力的培养和指导，如提前开展团队建设活动、提供详细的小组合作指南等。通过不断地教学反思与改进，教师可以逐步提高自己的数字教学水平，优化数字教学效果。

学校内部教师之间的合作与交流对于提升教师数字素养具有重要作用。教师可以与同年级或不同年级的历史教师组成教学研究小组，共同探讨数字技术在历史教学中的应用问题。例如，分享各自收集的优质数字资源，交流数字教学工具的使用心得，合作设计数字历史教学方案等。此外，还可以与学校的信息技术教师合作，信息技术教师在数字技术方面具有专业优势，他们可以为历史教师提供技术支持和培训，帮助历史教师解决在数字教学过程中遇到的技术难题。例如，当历史教师在使用历史地图软件时遇到操作问题，信息技术教师可以给予及时的指导和帮助，同时还可以与历史教师共同探讨如何将该软件与历史教学内容更好地结合，开发出更具创新性的教学应用案例。

校际交流和区域合作可以拓宽教师的视野，让教师了解不同学校、不同地区在数字历史教学方面的实践经验和创新做法。学校可以组织教师参加校际观摩教学活动，让教师到其他学校听课、学习，观察其他教师如何运用数字技术开展历史教学，并与授课教师进行交流和研讨。例如，在一次校际观摩活动中，某教师看到其他学校的历史教师利用虚拟现实技术让学生沉浸式体验历史战争场景，深受启发，回来后便积极探索将虚拟现实技术引入自己的历史课堂教学。此外，区域教育部门可以组织开展数字历史教学研讨会、教学成果展示会等活动，为教师提供一个更大范围的交流平台。在这些活动中，教师可以展示自己的数字教学成果，分享教学经验，同时学习其他教师的优秀做法，促进区域内教师数字素养的整体提升。还可以通过区域合作项目，联合多所学校的教师共同开展数字历史教学研究与实践，整合区域内的教育资源，形成优势互补，推动数字历史教学的深入发展。

教师可以结合自己在数字历史教学实践中遇到的问题和困惑，申报相关的教育科研课题，开展深入的研究工作。例如，研究如何利用大数据分析技术精准评估学生的历史学习情况并提供个性化的学习指导；探索数字游戏在历史教学中的应用模式及其对学生历史学习兴趣和学习效果的影响；分析数字故事讲述在培养学生历史思维能力方面的作用机制等。通过开展教育科研课题研究，教师可以深入探究数字技术与历史教学的内在联系和规律，不断创新教学理念和方法，提升自己的教育科研能力和数字教学水平。在课题研究过程中，教师还可以与高校的教育专家、历史学科专家进行合作与交流，获取专业的理论指导和研究支持，进一步提高课题研究的质量和水平。

教育部门、学校或社会组织会不定期地推出一些数字历史教学创新实践项目，教师应积极参与其中。这些项目通常具有创新性和前瞻性，旨在探索数字技术在历史教学中的新应用、新模式和新方法。例如，参与基于人工智能技术的历史智能辅导系统的开发与应用项目，教师可以在项目中发挥自己的教学实践经验优势，与技术开发人员共同设计和完善系统的功能模块，使其更符合历史教学的实际需求和学生的学习特点。通过参与这些创新实践项目，教师可以站在数字历史教学创新的前沿，不断尝试新的教学技术和方法，积累丰富的创新实践经验，为推动数字历史教学的改革与发展贡献自己的力量，同时也能够在项目实践中提升自己的数字素养和专业能力。

　　数字赋能为历史教学带来了新的机遇和挑战，教师的数字素养成为影响历史教学质量和学生素养发展的关键因素。教师需要具备数字意识与敏感度、数字资源获取与整合能力、数字工具应用能力、数字教学设计能力、数字教学管理与评价能力以及数字伦理与安全意识等多方面的数字素养。为了提升自身的数字素养，教师可以通过持续学习与自我提升、教学实践与反思、合作与交流以及参与教育科研与创新实践等多种路径来实现专业发展。只有不断提升教师的数字素养，才能更好地将数字技术融入历史教学中，充分发挥数字赋能的优势，为学生创造更加优质、高效、富有创意的历史学习环境，培养出具有创新精神、信息素养和历史思维能力的新时代人才，推动历史教学在数字化时代不断向前发展。

## 第三节 学生数字素养的培养方法与重要性

　　在数字化浪潮汹涌澎湃的今天，历史教学的环境和方式正经历着深刻变革。数字技术不仅丰富了历史教学的资源与手段，更为学生打开了一扇通往多元历史世界的大门。然而，要充分利用数字赋能历史教学的优势，学生数字素养的培养成为关键环节。

学生的数字素养是指他们在数字环境中有效获取、理解、评估、创造和交流信息的能力。随着数字化技术的普及，数字素养已成为学生学习和生活中不可或缺的核心技能之一。

首先，学生需要掌握基本的技术操作能力，包括熟练使用计算机、智能手机、平板等设备，以及常用软件和应用程序的操作。例如，能够使用文字处理软件完成作业、利用在线学习平台获取资源，或通过视频会议工具参与远程课堂学习。

其次，学生应具备信息获取与评估能力。在信息爆炸的时代，学生需要学会通过搜索引擎、数据库等工具快速找到所需信息，并能够批判性地评估信息的可靠性、准确性和相关性。例如，在撰写论文时，学生需要辨别网络信息的真伪，选择权威来源。

此外，学生的数字内容创作能力也至关重要。他们应能够利用数字工具创作文本、图像、音频、视频等内容，并熟悉内容发布和分享的基本流程。例如，制作演示文稿、设计海报或录制短视频，以展示学习成果或参与团队项目。

网络安全与隐私保护是数字素养的重要组成部分。学生需要了解常见的网络安全威胁，如病毒、钓鱼攻击等，并掌握保护个人隐私和数据安全的基本方法。例如，设置强密码、避免点击可疑链接、定期更新软件等。

同时，学生应具备数字伦理与法律意识，遵守数字环境中的道德规范，尊重知识产权，了解相关法律法规。例如，在使用网络资源时注明出处，避免抄袭或侵犯他人版权。

最后，学生的沟通与协作能力在数字环境中尤为重要。他们应能够通过电子邮件、社交媒体、即时通讯工具等进行有效沟通，并熟悉在线协作工具，如云文档、项目管理软件等，以支持团队合作和远程学习。

总之，数字素养是学生在数字化时代成功学习和生活的基础。通过掌握技术操作、信息处理、内容创作、网络安全、伦理意识和协作能力，学生能够更好地适应数字环境，提升学习效率，并为未来的职业发展奠定坚实基础。

在中学历史教学领域，具备良好数字素养的学生，能够更加主动、高效地在数字海洋中探索历史知识，提升历史思维能力，适应信息时代对人才的要求，同时也为历史学科的传承与创新注入新的活力。

学生数字素养在历史学习中具有非常重要的价值，首先，学生数字素养提高，能够有效拓宽学生历史知识的获取渠道。传统历史教学主要依赖教材、教师讲解以及有限的教学资料，学生获取知识的范围相对狭窄。而数字素养使学生能够突破这些局限，通过互联网搜索到世界各地的历史文献、博物馆藏品资料、历史纪录片、学术研究成果等丰富资源。例如，在学习世界历史时，学生可以在线访问大英博物馆的数字馆藏，亲眼目睹古埃及木乃伊、古希腊雕塑等珍贵文物，同时阅读相关的文物介绍与历史背景资料，这比单纯从书本上学习更能直观地感受历史的魅力与厚重。他们还能在学术数据库中查找关于特定历史时期或事件的专业论文，深入了解历史学界的最新研究动态和不同观点，拓宽自己的历史视野，构建更为全面和深入的历史知识体系。

其次，增加学生的参与度。数字技术为历史教学提供了多种互动平台和工具。具备数字素养的学生可以积极参与在线历史论坛、历史学习社区等，与来自不同地区、不同背景的同学和历史爱好者交流讨论。在学习中国古代史时，学生可以在相关论坛上分享自己对某一朝代政治制度的理解，同时听取他人的见解和观点，展开激烈的思想碰撞。此外，一些数字历史游戏和模拟软件也能让学生以更加生动有趣的方式参与历史学习。例如，通过扮演历史角色，参与历史事件的决策和发展过程，学生能够更加深刻地体会历史人物的处境和历史发展的复杂性，这种沉浸式的学习体验极大地提高了学生的学习兴趣和参与热情，使他们从被动接受知识转变为主动探索历史。

可以培养学生的历史思维与批判性思维。在数字环境中，学生面临海量信息的冲击，这就要求他们具备筛选、分析和评估信息的能力，而这正是历史思维和批判性思维培养的重要契机。当学生在网上搜索关于某一历史事件的资料时，会发现不同来源的信息可能存在差异甚至矛盾。例如，对于美国独立战争的起因，不同的历史网站、博客可能有不同的解读。学生需要运用自己所学的历史知识和方法，对这些信息进行比较、甄别，判断其可信度和价值。他们要分析信息的来源是否可靠、作者的立场和意图是什么、证据是否充分等。通过这样的过程，学生逐渐学会从多个角度看待历史问题，不盲目相信单一的信息来源，从而培养出批判性思维能力。同时，在利用数字工具进行历史数据分析、历史场景模拟等活动中，学生也能够锻炼逻辑思维、因果分析等历史思维能力，更好地理解历史发展的规律和内在联系。

每个学生的学习风格、兴趣点和学习速度都有所不同。数字素养使学生能够根据自己的特点和需求进行个性化的历史学习。借助学习管理系统和智能学习软件，学生可以制订自己的学习计划，选择适合自己的学习资源和学习方式。例如，对于视觉型学习者，他们可以更多地选择观看历史纪录片、浏览历史图片集来学习；而对于喜欢阅读的学生，则可以深入阅读大量的历史书籍和文章。同时，学生可以根据自己的学习进度自主调整学习内容和难度。如果在某个历史时期的学习上遇到困难，他们可以利用在线辅导资源、微课视频等进行反复学习和巩固；如果对某个历史话题特别感兴趣，他们可以进一步拓展学习，深入研究相关的学术资料和专题报道。这种个性化和自主化的学习模式能够充分发挥学生的主观能动性，提高学习效率和学习质量。

那么如何培养学生的数字素养呢？

可以在课堂教学中融入数字资源，教师在课堂教学中充分展示如何有效地利用数字资源进行历史学习。

教师还可以将各种数字工具融入日常教学活动中，让学生在实践中学习和掌握。

教师还可以设计一系列基于数字技术的历史项目，让学生分组完成。例如，开展"历史文化遗产的数字化保护与传承"项目，要求学生选择本地的一处历史文化遗产（如古建筑、古遗址等），利用数字摄影、三维建模、虚拟现实（VR）等技术对其进行数字化记录和展示。学生首先要进行实地考察，收集相关资料，然后运用数字工具进行资料整理和作品创作。在这个过程中，学生需要学习和掌握数字摄影技巧、三维建模软件的操作方法以及如何利用VR设备展示作品等技能。通过这样的项目，学生不仅深入了解了本地的历史文化遗产，还提高了数字素养和团队协作能力。

　　在项目式学习中，小组合作是关键环节。教师要引导学生利用数字协作工具进行小组交流与合作。例如，使用在线文档编辑工具（如腾讯文档、石墨文档等），小组成员可以共同撰写项目报告、整理资料，实时看到其他成员的修改和补充内容，方便进行讨论和完善。同时，利用即时通讯工具（如微信、QQ等）和视频会议软件（如腾讯会议、钉钉等），学生可以随时随地进行线上小组讨论，分享自己的想法和发现，协调小组任务分工。在项目实施过程中，教师可以定期组织小组汇报和交流活动，让各小组展示自己的阶段性成果，互相学习和借鉴经验，解决遇到的问题。例如，在"历史文化遗产的数字化保护与传承"项目中，每个小组可以定期汇报自己在数字资料收集、建模进展、VR展示设计等方面的情况，其他小组可以提出问题和建议，促进整个项目的顺利推进。

　　同时，老师要鼓励学生在课外开展历史主题的数字创作活动，如制作历史短视频、数字故事、历史主题网页等。学校可以组织历史数字创作比赛，激发学生的创作热情。例如，在学习完第二次世界大战的历史后，学生可以以小组或个人的形式制作关于第二次世界大战某一战役或事件的短视频。他们需要收集相关的历史影像资料、文字记载、人物访谈等素材，然后利用视频编辑软件（如剪映、AdobePremiere等）进行剪辑、配音、添加字幕等制作工作，通过短视频生动地展现当时的历史场景和影响。制作数字故事时，学生可以运用图文并茂的形式，结合自己的想象和理解，讲述一个历史人物或事件的故事，并利用数字故事创作平台（如Storybird、Toontastic等）进行发布和分享。通过这些数字创作活动，学生不仅提高了数字技能，还加深了对历史知识的理解和记忆，培养了创新思维和历史表达能力。

当然，组织学生参观数字历史展览和博物馆也很有效，让他们亲身感受数字技术在历史展示和传播中的魅力。许多博物馆都推出了数字展览，利用虚拟现实、增强现实、多媒体互动等技术，为观众呈现更加生动、丰富的历史内容。

学校还可以开设专门的数字素养教育课程，系统地培养学生的数字素养。课程内容可以包括数字技术基础知识（如计算机操作系统、网络基础知识、办公软件操作等）、数字信息获取与评估能力（如信息检索技巧、信息真伪鉴别方法等）、数字内容创作与传播能力（如多媒体制作、网页设计、社交媒体使用等）以及数字安全与伦理意识（如网络安全防护、个人信息保护、数字版权意识等）。在数字信息获取与评估能力的教学中，教师可以通过案例分析的方式，让学生分析不同类型的数字信息来源的可靠性，如对比新闻网站、学术数据库、个人博客等在报道同一历史事件时的差异，引导学生学会运用批判性思维判断信息的价值。在数字内容创作与传播能力的培养方面，教师可以组织学生进行实际的创作项目，如让学生制作一个个人历史博客，要求包括历史文章撰写、图片处理、页面设计等内容，然后在班级内或学校范围内进行分享和交流，提高学生的数字创作和传播技能。

除了开设课程外，学校还可以定期组织数字素养培训活动，邀请专家学者、技术人员等来校开展讲座、培训等。例如，邀请信息技术专家讲解最新的数字技术发展趋势及其在教育领域的应用前景，让学生了解到人工智能、大数据、区块链等技术对历史学习和研究可能产生的影响；组织数字摄影培训工作坊，由专业摄影师教授学生数字摄影的技巧和艺术，提高学生在历史资料收集和数字创作中的摄影水平；开展网络安全培训讲座，向学生普及网络安全知识，如如何防范网络诈骗、如何保护个人隐私信息等，增强学生的数字安全意识。这些培训活动可以根据学生的不同需求和兴趣进行有针对性的设计，丰富学生的数字素养知识和技能，拓宽学生的视野。

在数字赋能的历史教学背景下，学生数字素养的培养具有不可忽视的重要性。它不仅能够丰富学生的历史知识获取途径、增强学习互动性与参与度、培养历史思维与批判性思维，还能促进历史学习的个性化与自主化。

## 第四节 实践案例中的问题与解决方案

数字赋能历史教学在带来诸多机遇与创新的同时，也不可避免地面临一系列问题与挑战。深入剖析这些问题，并探索有效的解决方案，对于优化数字历史教学实践，提升教学质量具有至关重要的意义。

互联网上的历史数字资源数量庞大，但来源广泛，质量难以保证。部分资源存在史实错误、观点片面等问题，这可能会误导学生对历史的认知与理解。例如，一些未经专业审核的历史博客或个人网站，为了吸引流量，可能会传播一些不实的历史传闻或对历史事件进行歪曲解读。

数字资源往往分散在各个不同的平台与网站，呈现出碎片化的特点。学生在搜索和使用这些资源时，难以将其整合为一个系统、完整的历史知识体系。例如，在学习某个历史时期时，学生可能从不同渠道获取关于政治、经济、文化等方面的零散资料，但却无法清晰地梳理出这些内容之间的内在联系与相互影响。

面对海量的数字资源，学生往往感到无所适从，不知道如何筛选出对自己学习有价值的信息。过多的信息可能会导致学生注意力分散，学习效率低下，甚至产生信息焦虑。例如，在搜索关于"古代文明交流"的资料时，搜索引擎可能会返回成千上万条结果，学生需要花费大量时间和精力去甄别和筛选。

这就需要教师与学校共同建立一套数字资源审核机制，对推荐给学生的资源进行严格筛选和审核。优先选择来自权威历史机构、知名学术网站或专业教育平台的资源，如国家历史博物馆的数字馆藏、专业历史学术期刊的网络版等。对于一些有争议或来源不明的资源，要进行深入的分析和验证，确保其准确性和客观性。同时，教师可以引导学生学会批判性地看待资源，培养他们对资源质量的判断能力，如通过分析资源的作者、发布机构、引用文献等信息来评估其可信度。

学校或教师团队还可以整合优质的数字资源，构建专门的历史教学资源平台。将与历史课程相关的各种资源，如历史文献、图片、视频、音频等按照历史时期、主题、知识点等进行分类整理，方便学生系统地浏览和学习。在课程设计方面，教师应根据教学目标和学生的认知水平，有针对性地引导学生使用各种平台中的资源，帮助学生将碎片化的资源整合为有机的知识体系。例如，在教授"世界近代史"时，教师可以在课程平台上按照"资产阶级革命""工业革命""殖民扩张"等主题分类整理资源，并在教学过程中逐步引导学生深入了解各个主题之间的因果关系和历史发展脉络。

学校同时要加强对学生的信息素养教育，开设专门的课程或讲座，教授学生信息检索、筛选、评估的方法和技巧。例如，指导学生如何使用布尔逻辑运算符进行精准搜索，如何通过阅读资源的摘要、关键词、目录等来快速判断其相关性和价值。同时，教师可以为学生提供资源导航，如推荐一些常用的、优质的历史资源网站和数据库，并制作详细的使用指南和资源推荐清单。在每个教学单元开始前，教师可以根据教学内容提前为学生筛选出一些核心的资源，并提供简要的介绍和使用建议，帮助学生减少信息筛选的时间和难度，提高学习效率。

数字工具在应用方面也有一些问题，如工具操作复杂，学生上手困难。一些数字教学工具功能强大，但操作界面复杂，对于学生来说上手难度较大。这可能导致学生在使用工具时花费过多时间在技术操作上，而忽略了历史学习的核心内容。例如，一些专业的历史数据分析软件或历史地图绘制软件，其复杂的功能菜单和操作流程可能会让学生望而却步，无法充分发挥这些工具在历史学习中的作用。

而且部分数字工具可能与历史教学内容的结合不够紧密，存在为了使用工具而使用工具的现象。这可能会使教学过程显得生硬、脱节，无法达到预期的教学效果。例如，在某些历史课堂上，教师引入了一些互动式教学工具，但所设计的互动环节与历史知识点的关联不够深入，学生只是在形式上参与了互动，而对历史知识的理解和掌握并没有实质性的提升。

在使用数字工具进行教学的过程中，还可能会遇到技术故障，如软件崩溃、网络连接中断、设备兼容性问题等。这些问题可能会打乱教学节奏，影响学生的学习情绪和教学的顺利进行。例如，在进行在线历史模拟实验时，如果突然出现网络故障，学生可能会丢失未保存的数据，实验无法继续进行，导致学生的学习积极性受挫。

那么如何解决这些问题呢？

首先，教师在引入新的数字教学工具之前，应对学生进行充分的培训。可以采用集中培训、在线教程、小组互助等多种方式，帮助学生熟悉工具的基本功能和操作流程。同时，教师可以根据教学实际需求，为学生制作简化的操作指南，突出工具在历史学习中常用功能的操作步骤，降低学生的上手难度。例如，对于历史地图绘制工具，教师可以制作一份简单的操作手册，只介绍如何绘制历史地图的基本要素、如何标注历史事件发生地等常用功能，让学生能够快速掌握并应用于历史学习中。

在选择数字工具时，教师应充分考虑工具与教学内容的适配性，确保工具能够真正服务于历史教学目标的实现。在教学设计过程中，要将工具的使用有机地融入到历史知识的讲解、探究、巩固等各个环节中。例如，在教授"古代战争史"时，可以选择一款战争模拟游戏工具，但在设计游戏环节时，要紧密围绕历史上的著名战役，设置符合历史事实的战争场景、兵力部署、战略战术等内容，让学生在游戏过程中深入理解古代战争的规律和特点，同时通过游戏后的讨论、总结等环节，进一步强化学生对历史知识的掌握。

学校也应加强数字教学环境的技术保障，定期对教学设备、网络设施进行维护和升级，确保其稳定性和可靠性。同时，教师在使用数字工具进行教学前，应制订应急预案，针对可能出现的技术故障提前做好准备。例如，在进行在线教学时，教师可以提前准备好备用教学方案，如在网络出现故障时，迅速切换到离线教学模式，使用预先下载好的教学资源继续授课；在使用软件工具时，提醒学生定期保存数据，避免因软件崩溃导致数据丢失。此外，学校可以建立技术支持团队，在教学过程中及时为教师和学生解决技术问题，保障教学的顺利进行。

在教学设计中，也存在受传统教学思维束缚，创新不足的现象。部分教师在数字赋能历史教学中，仍然受传统教学思维的束缚，只是简单地将数字技术作为传统教学的补充，而没有真正实现教学方法的创新与变革。例如，一些教师在课堂上只是播放一些历史视频或展示一些数字图片，而教学过程仍然以教师的讲授为主，学生的主体地位没有得到充分体现，互动性和探究性不足。

在数字历史教学中，有些教学设计缺乏整体规划，各个教学环节之间缺乏系统性和连贯性。例如，在设计基于数字项目的学习活动时，可能只注重项目的趣味性和创新性，而忽略了与历史课程标准和教学目标的紧密联系，导致学生在完成项目后，对历史知识的掌握和历史思维的培养不够全面和深入。

数字技术虽然为个性化教学提供了可能，但在实际教学中，部分教师仍然未能充分利用数字资源和工具关注学生的个体差异。教学内容和教学进度往往按照统一的标准进行安排，无法满足不同学生的学习需求和学习风格。例如，在使用在线学习平台进行教学时，虽然平台提供了丰富的学习资源和个性化学习功能，但教师可能没有根据学生的学习情况进行分层教学或提供个性化的学习指导，导致部分学生学习困难，而部分学生则觉得学习内容过于简单，无法充分发挥自己的潜力。

要解决上述问题，就要加强对教师的培训，更新教学理念。组织教师参加关于数字历史教学方法创新的培训课程、研讨会、工作坊等活动，帮助教师更新教学理念，认识到数字技术在推动教学变革中的重要作用。鼓励教师积极探索创新的教学方法，如基于问题的学习、项目式学习、探究式学习等，并将数字技术深度融入其中。例如，通过培训让教师了解如何利用数字技术构建真实的历史问题情境，引导学生自主探究和解决问题，培养学生的历史思维能力和创新能力。同时，学校可以建立激励机制，对在数字历史教学方法创新方面表现突出的教师给予表彰和奖励，激发教师的创新积极性。

特别要注意的是，在进行教学设计时，教师应以历史课程标准为导向，确保教学目标明确、教学内容系统完整。在设计数字教学活动时，要充分考虑活动与教学目标、教学内容之间的逻辑关系，使各个教学环节紧密相连，形成一个有机的整体。例如，在设计一个以"历史文化遗产保护"为主题的数字项目学习活动时，要依据课程标准中关于历史文化传承与保护的相关要求，确定项目的目标、任务、评价标准等内容。在项目实施过程中，要引导学生通过数字资源收集、实地考察、小组讨论、成果展示等环节，深入了解历史文化遗产的价值、面临的问题以及保护的措施，从而全面提升学生的历史知识水平、文化素养和社会责任感。

教师还要充分利用数字资源和工具的优势，实施个性化教学。可以通过学习管理系统、在线测评工具等收集学生的学习数据，分析学生的学习风格、学习进度、知识掌握情况等个体差异，然后根据这些差异为学生提供分层教学和个性化的学习指导。例如，对于学习能力较强、对历史有浓厚兴趣的学生，可以提供一些拓展性的学习资源，如历史学术论文、深度历史纪录片等，并布置一些具有挑战性的探究任务，如撰写历史小论文、设计历史研究方案等；对于学习基础较薄弱的学生，则可以提供一些基础性的学习资源，如简化版的历史教材、知识点讲解视频等，并给予更多的学习辅导和练习巩固机会，如在线答疑、一对一辅导、个性化学习计划制订等，帮助不同层次的学生在历史学习中都能有所收获，逐步提高。

## 第五节 数字赋能实践的效果评估与反思

在中学历史教学的舞台上，数字技术浪潮汹涌而至，深刻地重塑着教学的风貌与格局。为了精准洞察这些实践的成效优劣，及时发现并解决潜在问题，构建一套系统全面且行之有效的效果评估体系，展开深入反思，无疑成为当下教学优化进程中的关键环节。

数字赋能实践的效果如何，首先要从学生学习成果来评估。先要考查学生的知识掌握程度。

　　某校在"中国古代史——隋唐盛世"单元测试中，设置了诸如"简述隋唐三省六部制的运行机制及其历史意义""分析科举制在隋唐时期的发展特点与社会影响"等多种类型的题目。通过与过往未采用数字教学手段时的测试成绩对比，发现学生在这些知识点的得分率显著提升，平均分提高约12分。这得益于数字资源如动画演示隋唐政治制度的运行流程，使学生能直观地理解抽象概念；以及在线历史课程中专家学者的深入解读，帮助学生把握知识点的内涵与外延。例如，观看动画后，学生对三省六部制中各部门的职能分工及相互制衡关系有了清晰的图像认知，回答相关问题时更加准确全面。

　　某校在学习"世界历史——新航路开辟"后，布置了"探讨新航路开辟对全球经济、文化交流格局的重塑作用"的作业。从学生的作业呈现来看，他们能够广泛引用数字图书馆中的学术文献、历史数据库里的贸易数据以及历史纪录片中的案例素材，如麦哲伦环球航行的路线与影响、美洲农作物在全球传播的数据统计等，深入剖析新航路开辟对世界不同地区在经济贸易、文化传播、物种交流等多方面产生的深远变革。相较于传统教学，学生作品在论据的丰富性、论证的逻辑性以及对历史事件相互关联性的把握上均有质的飞跃，彰显出学生对历史知识体系的构建能力和综合运用水平得到了切实强化。

　　还有学校给定了"探究古希腊奥林匹克运动会的历史渊源与文化内涵"的主题任务，要求学生进行资料收集整理与汇报展示。学生熟练运用学术搜索引擎（如知网中学版）、专业历史网站（如古希腊研究网）等数字工具，精准筛选出大量涵盖古希腊体育赛事规则、运动员训练方式、奥林匹克精神起源等方面的文献资料、图片和考古研究报告。在整理过程中，约80％的学生能够借助思维导图软件（如幕布）构建起清晰的知识框架，将各类信息有条理地归类整合，并在汇报中通过制作精美的PPT（运用PowerPoint软件），图文并茂、逻辑连贯地呈现研究成果，充分展现出较强的信息检索、整合与展示表达能力。

更有学校在"历史文化遗产保护宣传短视频制作"项目中，充分调动学生发挥数字创作才华。学生使用视频拍摄与剪辑软件（如剪映），对历史文化遗产地（如本地古建筑群）进行实地拍摄，获取素材后精心剪辑，添加合适的音乐、字幕与特效，突出遗产的独特魅力与历史价值；利用图像编辑软件（如Photoshop）对相关图片进行优化处理，增强视觉效果；并通过配音软件（如讯飞配音）为视频配上生动的解说。从最终的短视频作品质量来看，学生在视频制作技术的运用熟练度、创意构思以及历史文化内涵的传达准确性方面都取得了令人瞩目的进步，实现了历史知识与数字艺术创作的完美融合，有效提升了数字创作与传播技能。

还有学校在学生中开展"古代丝绸之路贸易往来的历史考察"小组合作项目，在该项目中，各小组展现出良好的团队协作与沟通能力。小组内成员依据自身特长迅速分工，擅长资料收集的同学利用数字资源平台广泛搜集丝绸之路沿线的贸易商品种类、贸易路线变迁、商业家族兴衰等资料；具有数据分析能力的同学运用电子表格软件（如Excel）对贸易数据进行整理分析，绘制图表以直观呈现贸易规模的变化趋势；而善于文字撰写与表达的同学则负责撰写项目报告，并在小组讨论中整合各方观点，形成完整的研究报告。在合作过程中，小组借助即时通讯工具（如微信）和在线协作平台（如腾讯文档）保持高效沟通，实时共享资料与研究进展，及时解决遇到的各种问题，如对贸易数据解读的分歧、报告撰写思路的调整等，充分体现出学生在团队协作中的角色担当，沟通协调以及问题解决能力得到了有效锻炼。

除了学生的学习成果，从学校历史教学专用在线平台的后台数据，也可以看到学习成果。比如，在某校"中国近现代史——晚清时期的变革与抗争"课程教学期间，教师上传的相关教学视频（如"鸦片战争的背景与过程""洋务运动的兴起与发展"等）总播放量达到600余次，平均每个视频播放时长约18分钟，其中关于"戊戌变法"的专题视频播放量更是高达150次。同时，教师推荐的数字图书（如《晚清七十年》《戊戌变法史事考》等）在学校数字图书馆平台上的借阅量较以往同期增长了60%。这些数据有力地表明学生对教师提供的数字教学资源表现出了极高的关注度和浓厚的使用热情。

还有学校针对教学资源的满意度与使用体验，开展了一次全面的问卷调查。结果显示，约85%的学生认为数字教学资源极大地丰富了历史学习的内容与形式，使其学习过程不再枯燥乏味。例如，学生普遍反馈历史纪录片能够鲜活地重现历史场景，让他们仿佛穿越时空，亲眼目睹历史事件的发生发展，从而更好地理解历史人物的情感世界与历史发展的复杂脉络。然而，也有部分学生指出某些资源存在内容过于晦涩难懂或时长过长的问题，导致学习时难以保持专注。约75%的教师认可数字教学资源为教学带来了诸多便利，但在资源整合筛选过程中确实耗费了大量的时间与精力。例如，在寻觅与教学内容紧密契合且符合中学生认知水平的资源时，往往需要在众多网站、数据库以及海量资源中进行艰难的搜索与细致的甄别。基于此调查结果，教师对资源进行了进一步的优化整合与分类整理，并在使用资源时增添了详细的引导性说明与学习建议，助力学生更高效地利用资源。

有学校在"世界历史——法国大革命"课堂教学中，采用了线上线下混合式教学法，融合了课堂讲授、小组讨论、在线论坛互动以及角色扮演等多种形式。教师首先在课堂上系统讲解法国大革命的背景、起因、主要事件及历史影响，随后提出一系列具有启发性和争议性的讨论问题，如"法国大革命中的雅各宾派专政是历史的必然还是偶然？""法国大革命对欧洲乃至世界政治民主化进程产生了怎样深远的影响？"并组织学生进行小组讨论。各小组在讨论中积极交流思想，碰撞出智慧的火花，记录员认真整理讨论成果形成文档。接着，教师引导学生将小组讨论结果发布到在线课程论坛，与其他小组展开广泛而深入的交流探讨，教师则在论坛中实时关注讨论动态，适时给予专业的指导与点评。此外，还组织部分学生进行角色扮演活动，模拟法国大革命中的关键场景，如三级会议的召开、攻占巴士底狱等，让学生在角色扮演中深刻体会历史人物的心境与历史事件的复杂性。通过这种多元化教学方法的综合运用，课堂氛围热烈活跃，学生参与度高达95%，共发表讨论留言近400条。课后小测验成绩表明，学生对法国大革命相关知识点的理解与掌握程度远超以往单一讲授式教学的班级，平均成绩提升约15分。

还有学校借助学习管理系统对学生学习"中国古代文化史——儒家

思想的传承与发展"的过程进行深度剖析。发现学生在学习"宋明理学"章节时，对其核心概念、思想体系及历史地位的理解存在较大障碍，学习进度明显滞后，部分知识点的重复学习次数频繁。教师依据学习管理系统提供的精准数据，迅速调整教学策略。在课堂上增加了丰富的案例分析环节，选取朱熹、王阳明等宋明理学大家的生平事迹、学术著作片段以及他们在当时社会中的影响力等作为案例，以故事化的讲述方式和深入透彻的剖析方法，帮助学生理解宋明理学的深邃内涵与独特特点。同时，教师精心推荐一系列相关的微课视频（如"宋明理学大师的思想精髓"）和学术文章（如《从社会变迁看宋明理学的兴起》），供学生课后自主学习巩固。经过教学策略的优化调整，学生对该知识点的掌握状况显著改善，后续学习进程恢复正常，且在期末考试中关于宋明理学的题目得分率较以往提升了约25%。

特别值得一提的是，有学校在对比不同班级，分别采用传统教学法和基于项目式学习的数字教学法开展"世界历史——两次世界大战"教学实验时，差异显著。传统教学班级主要依赖教师讲解、教材阅读和课堂笔记进行学习，学生学习较为被动，课堂互动活跃度低。而基于项目式学习的班级，学生分组开展"两次世界大战的比较研究与和平启示"项目。各小组自主确定研究方向，如"一战与二战爆发原因的异同分析""两次世界大战中的军事技术创新及其影响对比"等，然后充分运用数字资源进行资料收集、整理与深度分析。他们通过制作内容翔实的PPT、撰写严谨的学术论文、拍摄富有创意的短视频等多种形式展示项目成果。在项目实施过程中，学生充分发挥主观能动性，积极主动地探索历史问题，团队协作能力与创新思维得到了淋漓尽致的锻炼。例如，一个小组在研究两次世界大战中的军事技术创新时，不仅详细梳理了坦克、飞机、潜艇等武器装备的发展历程与作战应用，还深入分析了军事技术创新对战争进程、战争形态以及国际关系格局的深远影响，并通过制作一部精彩的短视频生动形象地展示了研究成果，视频中运用了大量历史影像资料、数据图表以及动画演示，具有很强的感染力与说服力。从项目成果质量以及学生的学习体验综合来看，基于项目式学习的数字教学法在培养学生的综合素养与历史学科核心素养方面具有明显优势，但同时也对教师的教学设计能力、资源整合调配能力以及过程指导监控能力提出了更为严苛的要求。

该校还通过对教师进行关于数字教学技术应用的全面问卷调查与深入访谈发现，约70%的教师表示愿意积极尝试并应用新的数字教学工具，但在实际操作过程中仍面临诸多技术难题与挑战。例如，在使用历史数据分析软件对学生考试成绩、学习行为数据进行深度分析时，约45%的教师表示由于软件操作界面复杂、功能繁多，需要花费大量时间学习才能掌握基本的分析操作流程。针对这一问题，学校组织了系统的教师培训课程，邀请软件专业技术人员进行详细的操作演示、案例分析与实践操作指导，通过多次培训与实际操作练习，教师逐渐熟悉并掌握了软件的常用功能，能够运用数据分析结果精准洞察学生的学习状况，为教学决策提供科学依据与数据支撑。

对于学生而言，约80%的学生对数字教学技术表现出强烈的兴趣和较高的接受度。在使用历史学习APP（如"中学历史帮""历史知识通"

等)时,学生普遍认为APP中的互动游戏(如"历史知识大闯关")、趣味问答(如"每日历史一题")、历史故事音频(如"历史名人传记故事")等功能极大地增强了学习的趣味性和吸引力,使学习过程不再单调乏味。例如,"历史知识大闯关"游戏的平均日参与次数达到600余次,学生在游戏中通过回答历史问题获取积分和奖励,在娱乐中巩固了历史知识。然而,仍有部分学生由于家庭经济条件限制或个人信息技术基础薄弱,在使用数字工具时存在明显困难。例如,约18%的学生家中没有配备电脑或平板电脑等数字设备,无法充分利用一些需要设备支持的数字学习资源。针对这部分学生,学校开放了计算机实验室,为他们提供课余时间免费使用设备的机会,并安排了志愿者进行一对一的技术辅导,帮助他们克服困难,逐步提升数字技术应用能力,确保他们能够在数字赋能的历史学习环境中不掉队。

该校教师在教学过程中,积极推荐一些优质的历史文化类短视频平台给学生,如"抖音历史频道""B站历史纪录片专区"等。这些平台上有许多由专业历史学者、文化爱好者制作的短视频,内容涵盖历史事件解读、历史人物传记、古代文化习俗介绍等。学生利用碎片化时间观看这些短视频,通过生动形象的画面、简洁明了的解说以及丰富多样的案例,快速了解不同历史时期和地区的文化特色与历史故事。例如,在观看了关于"亚历山大大帝东征"的短视频后,学生们在课堂讨论中能够从军事战略、文化交流、帝国治理等多个角度深入分析这一历史事件的影响和意义,提出许多新颖独特的见解,体现出他们对历史知识的深入思考和综合理解能力得到了有效提升。

在"中国历史——明清时期的社会变迁"课程中,该校教师还组织了一场线上历史辩论会,主题为"明清时期的闭关锁国政策是利大于弊还是弊大于利?"学生通过在线辩论平台分成正反两方,展开激烈的辩论。在辩论过程中,学生充分收集和整理历史资料,运用所学知识从政治、经济、文化、外交等多个方面阐述自己的观点,并反驳对方的论据。他们通过查阅数字图书馆中的历史文献、分析历史数据库中的贸易数据、引用历史纪录片中的案例等方式,为自己的观点提供有力支撑。这种互动式教学方法充分调动了学生的学习积极性和主动性,使他们在辩论中深入思考历史问题的复杂性和多面性,锻炼了逻辑思维能力、语言表达能力和应变能力。据统计,参与辩论的学生在后续关于明清历史的作业和考试中,得分平均提高了约18分,表明他们的历史思维能力和分析问题的能力得到了显著增强。

该校教师还在课堂教学中引入了历史模拟游戏软件,如"帝国时代:历史文明模拟"。学生在游戏中可以选择扮演不同历史时期的领导者,如秦始皇、汉武帝、凯撒大帝等,通过发展农业、建设城市、训练军队、开展外交等活动,体验不同文明的发展历程和历史事件。在游戏过程中,学生需要根据历史背景和实际情况作出决策,应对各种挑战和危机,如自然灾害、战争冲突、社会矛盾等。这种趣味性的学习方式深受学生喜爱,学生的课堂参与度高达98%。通过玩游戏,学生不仅更加深入地了解了不同历史时期的政治、经济、文化等方面的特点和发展规律,还培养了战略思维、决策能力和团队协作精神。例如,在扮演汉武帝时,学生需要考虑如何加强中央集权、发展经济、抗击匈奴等问题,在这个过程中,他们对汉武帝时期的历史有了更全面、更深刻的认识。

通过对数字赋能实践的效果评估，该校还发现了很多问题，也进行了深刻的反思。尽管网络上的数字历史资源数量庞大，但质量参差不齐的问题较为突出。例如，一些自媒体为了吸引流量，在解读历史事件时可能会故意夸大某些细节或歪曲历史真相，这对缺乏辨别能力的中学生来说极易产生误导。此外，数字资源的整合也面临诸多困难。不同来源的资源在内容、格式、版权等方面存在差异，将其整合为一个有机的教学资源体系并非易事。该校教师在整合关于"文艺复兴时期艺术成就"的数字资源时，发现从艺术博物馆网站获取的高清图片资源、从学术数据库下载的研究论文以及从在线教育平台获取的教学视频，在内容侧重点、文件格式和使用权限上各不相同，需要耗费大量时间和精力进行筛选、转换和整理，才能使其符合教学需求并能在课堂上流畅使用。

在数字赋能实践中，教师和学生之间在技术应用能力上也存在较为明显的不均衡现象。部分教师由于年龄、技术培训不足等原因，对一些新的数字教学工具和技术掌握不够熟练，在教学过程中不能充分发挥数字技术的优势，甚至可能因技术故障而影响教学进度。例如，在使用互动式教学平台组织课堂讨论时，一些教师可能因不熟悉平台的操作流程，无法及时有效地引导学生进行讨论，导致讨论环节混乱或无法达到预期效果。同样，学生之间的家庭经济条件、信息技术基础等差异也导致他们在数字工具的使用和技术接受度上存在差距。一些学生能够熟练运用各种数字设备和软件进行学习，而另一些学生可能在基本的操作上都存在困难，如有的学生因家中没有电脑或平板电脑，无法充分参与需要设备支持的线上学习项目；有的学生则对一些复杂的历史数据分析软件或历史模拟游戏软件感到无从下手，这在一定程度上影响了整体教学效果的提升，也可能加剧教育不公平现象。

而现有的中学历史教学评价体系在数字赋能背景下显得相对滞后，难以全面、准确地评估学生在数字学习环境中的综合表现。传统的以考试成绩为主的评价方式无法充分反映学生在数字素养、创新能力、团队协作等方面的发展和进步。例如，在基于项目式学习的数字教学中，学生通过小组合作完成历史研究项目，并制作出精美的PPT、短视频或撰写详细的研究报告，但在传统评价体系中，这些成果可能无法得到充分的体现和量化评估。虽然已经意识到需要构建多元化的评价指标体系，但在实际操作过程中，如何科学合理地确定各项指标的权重、如何有效地收集和分析评价数据以及如何将评价结果及时反馈给教师和学生以促进教学改进等问题仍然有待解决。这使得教学评价无法有效地引导教学实践，难以充分发挥评价对教学的促进作用，不利于学生的全面发展和教学质量的持续提升。

针对教师和学生技术应用能力不均衡的问题，该校加大技术培训力度并提供全方位的技术支持。为教师提供定期的、分层级的数字教学技术培训课程，内容涵盖数字工具的基本操作、教学设计与数字技术的融合、教学资源的开发与利用、数字教学的课堂管理与评价等方面。培训方式应多样化，包括专家讲座、案例分析、实践操作、小组研讨等，以满足不同教师的学习需求。例如，对于新手教师，从数字工具的基础操作和简单应用入手，逐步引导他们将数字技术融入教学；而对于有一定经验的教师，则侧重于数字化教学设计和创新教学方法的培训，鼓励他们探索更具深度和广度的数字教学实践。同时，该校还建立了教师技术应用交流平台，如线上论坛、工作坊等，促进教师之间的经验分享和互助合作，共同解决技术应用过程中遇到的问题。对于学生，该校除了在信息技术课程中加强数字技能的培养外，还在历史学科教学中结合具体的教学内容开展有针对性的技术应用指导。例如，在项目式学习中，教师专门安排时间教授学生如何使用历史研究数据库、如何进行数字资料的整理与分析、如何运用数字工具制作高质量的项目成果等。此外，学校设立技术辅导中心或学生技术社团，为学生在技术应用过程中遇到的问题提供及时的帮助和支持，鼓励学生之间相互学习和交流，通过同伴互助提高技术应用能力。

经过评估与反思，为了全面、准确地评估学生在数字学习环境中的综合表现，该校需要构建适应数字赋能的教学评价体系。首先，确定多元化的评价指标，除了传统的考试成绩外，还应包括学生的数字素养、信息处理能力、团队协作能力、创新思维能力、在线学习参与度等多个维度。例如，在评价学生的数字素养时，可以考查学生对数字工具的熟练掌握程度、对数字资源的筛选和利用能力、在数字环境下的信息安全意识等；在评价团队协作能力时，可以观察学生在小组项目中的角色承担、沟通协调、合作完成任务的情况等；在评价创新思维能力时，可以关注学生在历史学习中提出的独特见解、对数字资源和工具的创新性应用等。其次，合理确定各项指标的权重，根据教学目标和学生发展的重点，为不同指标赋予相应的权重，确保评价结果能够客观反映学生的综合表现。例如，在以培养学生创新能力和实践能力为重点的项目式学习评价中，可以适当提高创新思维能力和团队协作能力的权重。然后，采用多样化的评价方法，如考试、作业、项目评价、小组互评、自我评价等，全面收集学生的学习表现数据。例如，在项目评价中，可以从项目的选题意义、研究方法、资料收集与分析、成果展示等多个方面进行评价；在小组互评中，让小组成员相互评价在项目中的贡献和表现，促进学生的自我反思和相互学习。最后，建立有效的评价结果反馈机制，及时将评价结果反馈给教师和学生，让教师根据评价结果调整教学策略和方法，为学生提供个性化的学习建议和指导，促进教学质量的不断提升。同时，可以利用大数据技术对评价数据进行深度分析，挖掘学生学习过程中的潜在问题和优势，为教学决策提供更科学的依据，如通过分析学生在数字学习平台上的学习行为数据，发现学生在某个历史时期或知识点上的学习困难，教师可以及时调整教学内容和方法，进行有针对性的辅导和强化训练。

总之，通过对数字赋能中学历史教学实践的效果评估与反思，该校认识到其中的成功经验、存在问题以及改进方向。在未来的教学中，应充分发挥数字赋能的优势，积极解决存在的问题，不断优化教学过程，构建更加完善的教学评价体系，以提升中学历史教学质量，培养具有良好历史素养和数字技能的新时代中学生，使他们能够更好地适应数字化时代的发展需求，在历史学习中汲取智慧，为未来的社会发展贡献力量。

# 第四章 面临的挑战与解决方案

## 第一节 技术接入与资源不平等的现状与影响

数字赋能在中学历史教学中，存在技术接入与资源不平等的现状，目前不同地区、学校间在信息技术基础设施、数字资源获取途径等方面存在显著差异。

在数字赋能中学历史教学的背景下，"技术接入"指的是学校、教师和学生获取和使用数字技术及相关资源的能力和条件。具体来说，技术接入包括以下几个方面：

硬件设备的获取是技术接入的基础，指的是学校是否配备了足够的计算机、平板、智能白板、投影仪等数字化教学设备。硬件设备的数量和质量直接影响教师能否顺利开展数字化教学，以及学生能否有效参与数字化学习。

稳定的互联网连接是数字教学的前提。技术接入还包括学校是否具备高速、稳定的网络环境，以及学生在家是否能够访问互联网。网络基础设施的完善程度决定了教师能否使用在线资源、开展远程教学，以及学生能否进行在线学习和互动。

技术接入还包括学校是否拥有适合历史教学的数字化工具和平台，如教学管理系统、历史数据库、虚拟现实（VR）或增强现实（AR）技术设备等。这些软件和平台能够丰富教学内容，提升学生的学习体验。

技术接入不仅是设备和资源的获取，还包括教师是否具备使用这些技术的能力。教师需要掌握基本的数字工具操作技能，并能够将技术与历史教学内容有效结合，设计出适合学生的数字化教学方案。

学生是否具备使用数字设备和技术的能力也是技术接入的重要方面。学生需要掌握基本的计算机操作、信息检索和在线学习技能，才能充分利用数字化资源进行学习。

技术接入还依赖于学校和地区的政策支持以及资金投入。政府或学校是否制定了推动数字化教育的政策，是否提供了足够的资金用于购买设备、培训教师和维护网络，都会影响技术接入的水平。

总之，技术接入是一个多维度的概念，涉及硬件、网络、软件、人员能力和政策支持等多个方面。在中学历史教学中，技术接入的不平等可能导致不同学校或地区之间的教学质量和学生学习效果的差异。因此，推动技术接入的均衡发展是数字赋能教育的重要目标之一。

在数字赋能中学历史教学的背景下，技术接入的不同导致了资源不平等，不同学校、地区或学生群体在获取和利用数字化教育资源方面存在差异。

资源不平等是数字赋能中学历史教学中一个亟待解决的问题。它不仅影响了教育公平，还可能导致学生之间的学习差距进一步扩大。这种不平等对教学质量、学生学习体验与成果、教育公平性等多方面都产生了负面作用。而且随着信息技术的飞速发展，随着数字赋能对中学历史教学创新与发展的重要作用的凸显，技术接入与资源不平等的问题愈发凸显，成为制约教育公平与教学质量全面提升的重要因素。不同地区的经济发展水平、学校的资源投入以及家庭背景等因素相互交织，导致了中学历史教学在数字技术应用方面存在明显的差距。这种差距不仅影响着学生对历史知识的获取与理解，更在长远上对教育公平的实现和社会阶层的流动产生潜在的阻碍。因此，深入研究技术接入与资源不平等的现状与影响，具有极为重要的现实意义。

在我国，东部沿海地区和经济发达的大城市往往在信息技术基础设施建设方面投入较大，网络覆盖广泛且速度较快。学校普遍配备了先进的多媒体教学设备，如智能交互白板、高清投影仪、电子书包等，并且能够及时更新和维护。这些地区的中学历史教师可以方便地利用在线历史教学资源库、虚拟历史博物馆、历史教学软件等开展丰富多样的教学活动。例如，在上海、深圳等地的中学历史课堂上，教师可以借助虚拟现实（VR）技术让学生身临其境地感受历史场景，如走进"古代罗马的斗兽场"或参与"辛亥革命"的战斗。

相比之下，中西部偏远地区和一些经济欠发达的农村地区则面临诸多困难。部分学校网络接入不稳定甚至尚未接入互联网，教学设备陈旧落后，计算机数量有限且配置较低，难以满足数字教学的基本需求。在这些地区，中学历史教学仍然主要依赖传统的教材、黑板和粉笔，教师获取数字教学资源的渠道极为有限，即使有少量资源，也因网络速度等问题无法有效利用。例如，在一些偏远山区的中学，教师可能仅能通过有限的光盘资源或偶尔下载的简单文档来补充教学内容，难以开展具有创新性的数字教学实践。

即使在同一地区，不同学校之间在技术接入和资源利用方面也存在较大差距。一些重点中学或具有较强资金实力的民办中学，通常会将大量资金投入到教育信息化建设中。它们建立了完善的校园网络系统，拥有专业的信息技术教师团队负责技术支持和教师培训，能够与各类教育科技企业合作，引进先进的历史教学数字平台和个性化学习系统。这些学校的历史学科教研组可以组织教师开发本校数字课程资源，根据本校学生的特点和需求定制教学内容和教学活动。

而一些普通中学，尤其是一些薄弱学校，由于资金短缺和重视程度不足，在技术装备和资源建设方面相对滞后。它们可能只有基本的计算机教室，但设备老化、软件更新不及时，缺乏对教师进行系统的数字教学技能培训，教师在教学中只能使用一些免费的、公开的网络资源，且难以将这些资源与教学目标和学生实际有效整合。例如，在某城市的普通中学，历史教师虽然知道有一些优秀的历史教学网站，但由于学校未提供相应的技术支持和培训，教师不知道如何筛选合适的资源，也不懂得如何在课堂上运用这些资源进行有效的教学互动。

学生家庭背景的不同也导致了技术接入与资源利用的不平等。在城市中，高收入家庭往往能够为孩子提供良好的数字学习环境，如配备高性能的个人电脑、平板电脑、智能手机等设备，并且家庭网络速度快、流量充足。家长还可能为孩子购买各种历史学习类的数字产品或在线课程，如历史知识付费APP、历史纪录片会员服务等，鼓励孩子利用课余时间进行自主学习和拓展。这些学生可以方便地在课后通过网络与教师和同学进行交流互动，分享历史学习心得和资源。

然而，在一些低收入家庭，尤其是农村贫困家庭，学生可能无法拥有自己的数字学习设备，只能依赖学校有限的计算机设备进行学习。网络费用也是一笔不小的开支，使得一些家庭无法为孩子提供稳定的网络接入。这些学生在课余时间难以进行数字学习活动，与家庭条件优越的学生相比，在历史知识的拓展和数字技能的培养方面明显处于劣势。例如，农村贫困家庭的学生可能因无法观看在线历史课程视频而错过一些重要的学习内容，在与城市学生的学习竞争中逐渐拉开差距。

因为技术接入与资源不平等，所以教学方法与手段差异很大。比如，在技术接入和资源匮乏的学校，中学历史教师难以采用多样化的教学方法和手段。由于缺乏数字教学资源的支持，教师主要以传统的讲授法为主，教学过程较为枯燥乏味，难以激发学生的学习兴趣和主动性。例如，在无法使用多媒体资料的情况下，教师在讲解历史事件时只能依靠文字描述，无法像拥有丰富数字资源的教师那样通过展示历史图片、视频等直观资料让学生更好地理解事件发生的背景、过程和影响。这使得学生对历史知识的理解停留在表面，难以深入挖掘历史事件背后的深层次原因和意义。

有限的技术接入和资源限制了教师教学内容的丰富性和拓展性。教师无法及时获取最新的历史研究成果、考古发现等信息并融入教学中，教学内容局限于教材和教参。而在技术资源丰富的学校，教师可以通过网络搜索到全球范围内的历史资料，将前沿的学术观点和生动的历史案例引入课堂，使教学内容更加丰富多彩、与时俱进。例如，在讲解古代文明时，拥有数字资源的教师可以向学生介绍最新的考古发掘成果对古代文明研究的新认识，而资源匮乏学校的教师则可能因信息滞后而无法做到这一点，导致教学内容相对陈旧。

技术接入不足也影响了教学评价的全面性和准确性。在缺乏数字化教学工具的情况下，教师对学生的评价主要依赖于传统的考试成绩和课堂表现观察。而在数字化教学环境中，教师可以利用在线学习平台记录学生的学习过程数据，如学习时长、参与讨论次数、作业完成情况等，通过大数据分析更全面地了解学生的学习状况和进步情况，为个性化教学和精准评价提供依据。技术接入与资源不平等使得部分学校的教学评价难以实现这种全面性和精准性，不利于教师及时调整教学策略和促进学生的个性化发展。

丰富的数字教学资源能够为学生提供更加生动、有趣的学习体验，激发学生的学习兴趣和学习动力。例如，通过虚拟现实（VR）、增强现实（AR）等技术，学生可以仿佛穿越时空，亲身感受历史的魅力，这种沉浸式的学习体验能够极大地调动学生的学习积极性。有限的技术接入和资源限制了学生的学习体验与学习成果。而在数字教学资源匮乏的学校，学生只能面对单调的教材和板书，学习过程相对枯燥，容易产生学习疲劳和厌倦情绪，学习兴趣和动力相对较低。长此以往，这种差异会导致学生在历史学习态度和投入程度上产生较大差距，进而影响学习成果。

数字资源为学生提供了海量的历史信息和多样化的学习渠道，有助于学生深入理解历史知识。学生可以通过在线历史数据库、数字图书馆等资源，查阅不同学者对同一历史事件的解读，从多个角度分析问题，拓宽思维视野。在技术接入不平等的情况下，资源匮乏的学生获取信息的渠道有限，只能依赖教材和教师提供的有限知识，难以进行深入的知识探究和批判性思考。例如，在学习世界历史时，有条件的学生可以通过观看国外历史纪录片、阅读原版历史文献等方式了解不同国家对历史事件的叙述和观点，而缺乏技术资源的学生则很难有这样的机会，其对世界历史的理解往往较为片面和狭隘。

在数字学习环境中，学生还可以利用各种学习工具和平台进行自主学习和探究，培养自主学习能力和创新思维。例如，学生可以通过在线学习社区与其他历史爱好者交流互动，共同探讨历史问题，创作历史小论文或制作历史多媒体作品等。然而，技术接入和资源不平等使得部分学生缺乏这样的自主学习机会。他们在传统的教学模式下，更多的是被动接受知识，缺乏自主探索和创新实践的平台与资源支持，难以培养适应现代社会发展需求的自主学习能力和创新思维品质，在未来的学习和工作中可能面临更大的挑战。

因此，技术接入与资源不平等从教育起点上就造成了学生之间的不公平。家庭经济条件好、所在学校技术资源丰富的学生能够更早地接触和掌握数字技术，利用丰富的数字资源开展学习活动，在历史知识储备、数字技能培养等方面占据先机。而家庭贫困、学校技术条件差的学生则在起跑线上就落后于他人，这种起点上的差距可能会随着学习的深入不断扩大，进一步加剧教育不公平现象。例如，在一些数字素养已纳入综合素质评价的地区，拥有更多数字学习机会的学生在这方面更容易获得较高的评价，从而在升学竞争等方面具有一定优势，而贫困地区和薄弱学校的学生则可能因缺乏数字学习经历而处于不利地位。

在学习过程中，技术资源的差异也导致了不公平现象的持续存在。

资源丰富的学校可以为学生提供个性化的学习支持和辅导，根据学生的学习进度和特点调整教学内容和教学方式，利用智能学习系统为学生推送适合的学习任务和资源。而资源匮乏的学校由于缺乏这些技术手段，难以实现个性化教学，学生只能按照统一的教学进度和要求学习，无法满足不同学生的学习需求。这种学习过程中的差异使得学生在知识掌握和能力提升方面的差距进一步拉大，违背了教育公平的原则，即每个学生都应享有平等的学习机会和资源支持，以充分发展自己的潜力。

最终，技术接入与资源不平等会导致教育结果的不公平。在数字赋能的时代背景下，具备良好数字素养和丰富历史知识储备的学生在升学、就业等方面更具竞争力。他们能够更好地适应数字化社会的需求，有更多机会进入优质高校深造或从事与历史文化相关的高薪职业。而那些因技术和资源限制而在历史学习上受到局限的学生，在未来的发展道路上可能面临更多的困难和障碍，难以获得与前者同等的发展机会和社会回报，从而形成社会阶层的固化趋势，进一步削弱了教育作为社会阶层流动重要渠道的功能。

综上所述，当前中学历史教学中技术接入与资源不平等的现状较为严峻，地区、学校和家庭背景等因素造成了学生在信息技术基础设施、数字资源获取与利用等方面的显著差异。这种不平等对教学质量、学生学习体验与成果以及教育公平性产生了多方面的负面影响，严重制约了数字赋能中学历史教学目标的实现。为了打破这一困境，促进教育公平和教学质量的全面提升，我国迫切需要探索有效的解决方案，包括加大对中西部地区和薄弱学校的教育信息化投入、建立公平的数字教育资源共享机制、加强教师数字素养培训以及关注家庭贫困学生的数字学习需求等。只有这样，才能确保在数字时代，每一位中学生都能在历史学习中享受到平等的技术资源支持，借助数字赋能实现自身的全面发展，推动中学历史教学朝着更加公平、高效、创新的方向发展。在后续章节中，我们将深入探讨针对这些问题的具体解决方案及其实施策略，以期为中学历史教学的数字化转型提供切实可行的路径和方法。

## 第二节 教师培训与支持体系的建设需求

在数字技术深度渗透教学场景下，教师面临着角色重塑、技能拓展等关键挑战，教师在数字素养培育、技术应用能力进阶、课程与数字技术融合以及教学创新实践等多维度都有培训诉求，构建涵盖技术资源供给、专业培训团队组建、教学实践平台搭建等多层次支持体系非常必要，构建贴合中学历史教学需求的教师培训与支持体系，才能助力教师充分驾驭数字技术，为学生营造更为优质、高效且富有创新性的历史学习情境，推动中学历史教学在数字浪潮中稳健前行。

当今时代，数字技术正以前所未有的速度重塑教育生态，中学历史教学亦置身于这一深刻变革的浪潮之中。数字资源的海量涌现、教学工具的推陈出新以及教学模式的持续创新，为历史教学开辟了崭新的路径。然而，教师作为教学活动的核心引领者，其数字素养与教学能力能否与时俱进，直接关乎数字赋能中学历史教学的成效与品质。故而，精心构建一套系统完备、切实可行的教师培训与支持体系，已然成为当下中学历史教学数字化转型的核心任务之一。这一体系不仅要助力教师在知识与技能层面实现跨越性提升，更要在教学理念更新、教学方法创新以及教学实践应用等多元维度给予全方位的扶持与引领，使教师能够在数字时代的中学历史教学舞台上，以创新为驱动、以技术为羽翼，为学生开启更为精彩、深邃且富有活力的历史学习之旅，进而推动中学历史教学质量与学生综合素养的协同提升。

在数字教学的前沿阵地，教师对信息技术基础知识的扎实掌握是开展教学活动的基石。以笔者所在的北京某中学为例，在推行数字化教学初期，部分历史教师在计算机基本操作上存在明显短板。例如，有的教师对文件管理系统较为陌生，难以高效地整理和检索教学资料；在使用办公软件时，仅能进行简单的文字录入，对于复杂的文档排版、公式编辑以及数据处理功能知之甚少。这不仅导致教学资料的准备工作耗时费力，且制作出的教学文档格式单一、内容呈现缺乏吸引力。

为扭转这一局面，学校组织了系统的信息技术基础知识培训。培训内容涵盖计算机硬件架构的基本原理，使教师明晰计算机各部件的功能与协同运作机制；深入讲解操作系统的安装、配置与日常维护技巧，如磁盘清理、系统优化等，确保计算机运行的稳定性与流畅性；在办公软件培训方面，通过实际案例演示，详细教授教师如何运用 Word 进行精美的文档排版，包括标题样式设置、段落格式调整、页眉页脚设计等，以及如何利用 Excel 进行数据的高效录入、整理、分析与可视化呈现，如制作成绩统计图表、分析学生学习数据趋势等，同时，全方位展示 PowerPoint 的强大功能，从主题选择、模板应用到动画效果设计、超链接插入以及演示文稿的播放技巧等。经过系统培训后，教师在教学资料准备方面的效率和质量得到了显著提升，能够制作出内容丰富、形式美观的教学课件和文档，为课堂教学增添了更多的活力与吸引力。

在信息爆炸的互联网时代，历史教师面临信息过载与信息质量参差不齐的双重挑战。以我校历史教师准备"世界古代文明"教学单元为例，在互联网上搜索相关教学资源，海量的信息扑面而来，但其中不乏一些来源不明、准确性存疑的资料。部分网站上的历史信息存在错误解读、观点片面甚至虚构内容，若缺乏有效的信息获取与筛选能力，极易将这些错误信息带入课堂，误导学生。

针对这一困境，专门的数字信息获取与筛选能力培训显得尤为关键。培训首先引导教师掌握专业的历史数据库和学术搜索引擎的使用方法，如中国知网、万方数据等权威学术资源平台，以及一些专注于历史领域的知名网站，如中国历史研究网、历史教学资源网等。教师通过学习，准确掌握运用精准关键词进行信息搜索的方法，如在搜索关于古埃及文明的资料时，通过组合"古埃及""历史""文化""考古发现"等关键词，缩小搜索范围，提高搜索结果的精准度。随后，培养教师对信息来源的批判性评估能力，教导教师从信息的发布机构、作者资质、引用文献等多个维度对信息的可靠性和权威性进行甄别。例如，对于一篇关于古希腊民主政治的网络文章，教师要会查看文章的作者是否为历史研究领域的专业学者或教育工作者，是否引用了正规的学术著作或考古研究报告作为依据等。通过这样的培训，教师就能够在浩如烟海的互联网信息中迅速定位到有价值、高质量的历史教学资源，确保教学内容的准确性和前沿性，为学生提供更为科学、严谨的历史知识体系。

在数字教学的广阔天地里，信息安全与伦理问题犹如隐藏在暗处的礁石，时刻威胁着教学活动的安全与规范。以某中学为例，曾发生过学生个人信息在网络教学平台上泄露的事件，原因是教师对平台的安全设置和数据保护机制缺乏了解，导致学生的姓名、学号、成绩等信息被非法获取。此外，在教学过程中，社会上也存在教师和学生在使用网络资源时无意识的侵权行为，如在制作教学课件或学生作业时，未对引用的图片、文字等资料注明出处。

为强化教师的信息安全与伦理意识，学校开展了专项培训。培训内容包括网络隐私保护的基本原则和方法，如设置强密码、定期更换密码、避免在不安全的公共网络环境中登录敏感账号等；详细讲解数据加密技术的基本概念和应用场景，使教师了解如何对重要教学资料进行加密存储和传输，防止数据被窃取或篡改；深入剖析常见的网络诈骗手段，如虚假网站链接、钓鱼邮件等，并教授教师如何识别和防范这些诈骗行为，确保自身和学生的财产安全与信息安全。同时，培训高度重视信息伦理教育，通过案例分析、小组讨论等形式，引导教师和学生树立正确的信息价值观，尊重他人的知识产权，在使用网络资源时严格遵守相关法律法规，养成良好的信息道德习惯。例如，教师在培训后，会在教学中明确要求学生在引用网络资料时必须注明出处，并向学生讲解抄袭和侵权行为的严重后果，培养学生的信息伦理素养。

数字教学技术应用能力培训还包括多媒体教学设备操作培训。如今多媒体教学设备已成为现代中学历史教学不可或缺的工具，但如果教师不能熟练操作，其教学效果将大打折扣。以某县级中学为例，学校新配备了智能交互白板和多媒体投影仪等先进设备，但部分历史教师在使用初期遇到了诸多问题。有的教师在使用智能交互白板时，无法灵活运用触摸功能进行书写、批注和擦除，导致课堂上出现操作卡顿、误操作等情况；在使用多媒体投影仪时，对画面的缩放、聚焦以及色彩调整等功能不熟悉，使得投影画面模糊不清或颜色失真，严重影响了学生的视觉体验和教学内容的有效传达。

解决这些问题，应由学校组织多媒体教学设备操作专项培训。我校即就此进行了培训，首先对设备的硬件结构和功能按钮进行详细介绍，让教师对设备有初步的直观认识。然后，通过实际操作演示，一步一步地教会教师如何开启和关闭设备、如何进行设备之间的连接与切换，如将计算机与投影仪连接，实现屏幕内容的同步投影；重点培训教师在智能交互白板上的操作技巧，包括如何使用不同颜色和粗细的笔进行书写，如何运用白板的手势识别功能进行页面缩放、平移和旋转，如何快速创建和编辑批注内容，以及如何利用白板的互动功能组织课堂教学活动，如开展分组讨论、进行课堂投票、即时反馈学生答题情况等。对于多媒体投影仪，培训内容涵盖了画面的精确调整方法，如通过调整焦距使画面清晰锐利，通过调节亮度、对比度和色彩饱和度等参数，使投影画面色彩鲜艳、层次分明，以适应不同教学内容和教室环境的需求。经过系统培训后，教师能够熟练操作多媒体教学设备，充分发挥其在历史教学中的辅助作用，为学生呈现出更加生动、直观的教学内容。

市场上琳琅满目的历史教学软件为教学提供了丰富的资源和多样的

教学手段，但教师对这些软件的应用能力参差不齐。有些软件不仅能够使用其基本的地图模板，还可以根据教学需求进行个性化的地图绘制和编辑，如标注重要历史事件发生地、绘制战争路线、添加民族分布区域等，大大提升教学效果。

针对教师在历史教学软件应用方面的需求，我校开展了系列培训。培训首先对各类历史教学软件进行了分类介绍和功能演示，包括历史地图绘制软件、历史事件模拟软件、历史知识问答软件、历史资料整理软件等。以历史地图绘制软件培训为例，培训师详细讲解了软件的安装与注册流程，然后深入介绍软件的各项功能，如地图图层管理功能，教师可以通过添加或隐藏不同的图层，展示不同历史时期的地理要素和政治格局；地理信息标注功能，教师能够在地图上准确标注历史地名、重要战役地点、文化遗址等，并添加详细的文字说明；地图动画制作功能，教师可以制作疆域变迁的动画演示，让学生清晰地看到历史上国家领土的动态变化过程。在培训过程中，培训师还结合具体的历史教学案例，如"丝绸之路的开辟与发展""欧洲殖民扩张史"等，现场演示如何运用软件制作教学课件和教学素材，使教师能够直观地感受到软件在教学中的应用价值。同时，培训还注重培养教师对教学软件的更新与维护意识，教导教师定期检查软件版本更新信息，及时下载安装更新包，确保软件功能的稳定性和完整性，并学会解决一些常见的软件使用故障，如软件卡顿、闪退等问题。通过系统培训，教师能够熟练掌握多种历史教学软件的应用技巧，根据教学内容和学生特点灵活选择合适的软件工具，为历史教学增添更多的趣味性和互动性。

　　随着互联网技术的发展，在线教学平台在中学历史教学中的应用日益广泛，但教师在使用过程中也面临诸多挑战。以新冠疫情期间我校在线历史教学为例，部分教师在使用腾讯课堂进行直播授课时，偶有出现网络卡顿、声音不清晰、画面延迟等问题，这些都会影响教学的正常进行。在互动环节，教师必须有效地利用平台的互动工具，连麦、在线布置作业、批改作业，对平台的作业管理系统功能熟练掌握，才能高效地布置、收集和批改学生作业，对学生的作业完成情况进行详细的数据分析和反馈。

　　为提升教师使用在线教学平台的能力，我校还组织了全面的培训。培训内容涵盖了在线教学平台的基本功能介绍，如课程创建与设置、直播授课模式选择、视频录制与回放功能等。以腾讯课堂为例，培训师详细讲解了如何创建一门历史课程，包括设置课程名称、课程封面、课程简介等基本信息；在直播授课环节，培训师演示了如何选择合适的直播模式，如屏幕分享模式、摄像头模式或课件模式，以及如何调整直播画面的分辨率、帧率和码率，以确保直播画面的清晰流畅；同时，教会教师如何使用平台的互动工具，如发起连麦邀请学生回答问题，利用在线讨论区组织学生进行课堂讨论，设置投票功能了解学生对某一历史问题的观点分布等。在作业布置与批改方面，培训重点介绍了平台作业管理系统的使用方法，包括如何创建作业模板、发布作业任务、设置作业提交截止时间和评分标准等，以及如何批改学生作业、撰写评语、统计作业成绩和分析作业完成情况数据，如作业正确率、完成时间分布等，以便教师及时了解学生的学习状况，调整教学策略。此外，培训还注重培养教师将线下教学资源与线上教学平台有机结合的能力。例如，指导教师如何将历史教材、课件、教学视频等线下资源上传至平台，供学生课前预习和课后复习使用，实现线上线下教学的无缝衔接，为学生提供连贯、高效的历史学习体验。通过系统培训，教师能够熟练运用在线教学平台开展多样化的教学活动，有效提升了在线教学的质量和效果。

在数字时代，历史课程设计需要充分整合数字资源，以丰富教学内容和教学形式。以我校历史教师设计"文艺复兴"主题课程为例，教师首先对教学大纲和课程标准进行深入剖析，明确教学目标为使学生理解文艺复兴的背景、核心思想、代表人物及其作品、历史影响等。然后，教师利用数字资源进行课程内容的整合与优化，从互联网上搜索到大量关于文艺复兴时期的高清艺术作品图片，如达·芬奇的《蒙娜丽莎》《最后的晚餐》、米开朗基罗的《大卫》《创世纪》等，以及文学作品音频，如但丁的《神曲》朗诵片段、薄伽丘的《十日谈》故事音频等，并筛选出具有代表性和教学价值的资源。同时，教师还获取了相关的历史纪录片视频，如BBC制作的关于文艺复兴的纪录片，从中截取精彩片段用于课堂教学。

在课程设计过程中，教师巧妙地将这些数字资源与教学内容有机结合。例如，在讲解文艺复兴的背景时，教师通过展示中世纪欧洲的黑暗社会景象图片，与文艺复兴时期的人文主义思想曙光图片进行对比，引导学生思考社会变革的原因；在介绍文艺复兴的代表人物时，教师先播放文学作品音频，让学生感受作品的魅力，再详细讲解作者的生平事迹和创作思想；在阐述文艺复兴的历史影响时，教师播放纪录片片段，展示文艺复兴对欧洲文化、艺术、科学、社会等多方面的深远影响，并组织学生进行小组讨论，分析文艺复兴如何推动了人类文明的进步。通过这样的课程设计，学生能够从多个感官角度感受文艺复兴时期的历史风貌，深入理解这一重要历史时期的内涵和意义，教学效果显著提升。

数字技术为历史教学带来了全新的教学方法和教学体验。此外，在合作学习方面，教师利用在线学习社区平台组织学生开展项目式学习。小组成员通过在线学习社区进行分工协作，有的负责收集资料、有的负责整理资料、有的负责撰写研究报告、有的负责制作汇报演示文稿。在小组合作过程中，学生可以随时在平台上交流讨论，分享自己的观点和发现，遇到问题也可以及时向教师或其他小组求助。最后，每个小组在课堂上进行汇报展示，其他小组进行评价和提问，通过这种方式，学生不仅深入了解了古代文明交流的历史知识，还提高了团队协作能力、信息处理能力和表达能力。

## 第三节 评估与反馈机制创新的必要性

鉴于传统的历史教学评价方式难以全面、精准地衡量学生在数字学习环境下的学习成效，在数字赋能的历史教学体系中，构建数字化教学评估和反馈体系势在必行。

一方面，评估和反馈机制的创新，被用于历史教学评价。这种创新首先要注重对学生学习过程的评价，利用在线学习平台记录学生的学习行为数据。例如，平台记录学生在学习历史课程时的登录次数、学习时长、参与讨论的次数和质量、作业完成的及时性和准确性等信息。教师可以通过平台的数据分析功能，直观地了解学生的学习态度和学习投入程度。如果发现某学生登录次数较少、学习时长较短且参与讨论不积极，教师就可以及时与该学生沟通，了解原因并给予有针对性的指导。

另一方面，在学习成果评价方面，评估与反馈机制的创新，应在传统的考试成绩外，包括学生的数字化作品的创作成果。例如，学生制作的关于历史事件的短视频、电子手抄报、历史人物角色扮演视频等。以学生制作的"辛亥革命"短视频为例，教师从视频的内容准确性、创意性、制作技术水平等多个维度进行评价。内容准确性要求视频对辛亥革命的背景、过程、主要人物和历史意义等方面的阐述准确无误；创意性则体现在学生是否能以独特视角展现辛亥革命，如通过模拟当时的新闻报道、人物访谈等形式呈现；制作技术水平涵盖视频剪辑的流畅性、画面的清晰度、字幕的准确性与美观度以及音频的质量等。教师依据这些维度对学生的数字化作品进行综合评定，从而更全面地了解学生对历史知识的掌握深度、对数字技术的运用能力以及创新思维的发展程度。

此外，学校还应该利用大数据分析技术对学生的学习数据进行深度挖掘与分析。例如，通过分析学生在不同历史时期知识测试中的答题正确率变化趋势，发现学生在某些特定历史概念理解上的薄弱环节，如对辛亥革命中资产阶级革命派的局限性理解不够深刻，教师便可据此调整教学策略，在后续教学中有针对性地加强相关内容的讲解与讨论。同时，分析学生在不同类型数字化学习资源（如历史纪录片、互动式教学软件、在线学术文章）的使用偏好与学习效果之间的关联，若发现学生在观看特定风格的历史纪录片后对相关知识的记忆与理解更为深刻，教师可推荐更多此类优质纪录片资源，优化学生的学习路径，实现个性化教学与精准评价的有机结合，切实促进学生在数字学习环境下的自主学习与持续发展。

在评估和反馈机制的创新中，充足且先进的硬件设施是物质基础。丰富多样且及时更新的软件资源是有力的武器。软件资源更新管理机制是确保数字化评估与反馈得以实施的重要前提。稳定高速的网络环境是教师开展评估与反馈的关键保障。

校园网络基础设施建设势在必行，校园无线网络全覆盖是数字赋能的重要条件之一。学校网络中心要配备高性能的服务器和网络安全设备，如防火墙、入侵检测系统、流量整形设备等。防火墙能够有效阻止外部非法网络访问，保护校园网络的安全；入侵检测系统实时监测网络流量，及时发现并报警网络攻击行为；流量整形设备则根据教学应用的需求，对网络流量进行合理分配与优化，确保教学相关网络应用（如在线教学平台、教学资源下载、视频播放等）享有较高的带宽优先级。

为了保障教学期间网络的稳定性，学校还应该对非教学时间段的网络使用进行限制，如限制学生在课余时间进行大规模的视频下载、在线游戏等占用大量网络带宽的活动；同时，学校还应该为教师和学生分别分配独立的网络账号，并设置不同的网络访问权限，教师账号具有更高的网络带宽限制和更多的网络资源访问权限，以满足教师评估与反馈的工作需求。通过这些措施，优化校园网络环境，为教学的评估和反馈机制创新提供高速、稳定、安全的网络支持。

同时，对于数字赋能历史教学的评估和反馈机制，还应该组建校内培训团队进行评估和反馈。由信息技术骨干教师、历史学科教学专家和教育技术研究员组成的校内培训团队，是本校数字赋能历史教学评估和反馈机制的基础。信息技术骨干教师具有扎实的计算机技术和网络技术功底，他们负责为教师开展信息技术基础知识培训，如计算机操作系统的高级应用、网络技术原理与实践、教学软件的安装与使用技巧等。历史学科教学专家则专注于历史课程与数字技术整合的培训工作。他们深入研究历史教学大纲和课程标准，结合数字技术的特点，为教师提供基于数字资源的历史课程设计方法、数字化教学方法在历史教学中的应用策略以及历史教学评价体系的数字化构建等方面的培训。教育技术研究员主要从教育理论和技术发展趋势的角度出发，为教师提供教学理念更新和教学模式创新的培训与指导。他们关注国内外教育技术领域的最新研究成果和实践经验，如翻转课堂、混合式教学、个性化学习等教学模式的理论基础与应用案例，并将这些前沿信息引入校内培训中。有了这样的校内培训团队，评估与反馈机制的创新就有了人才基础。

校外专家的评估和反馈也很重要，他们能够为教师带来更广阔的视野和更丰富的教育经验。比如，学校可以与教育信息化研究机构合作，邀请机构的专家来校举办教育信息化发展趋势与应用实践的讲座。通过专家介绍当前教育信息化领域的前沿技术，如人工智能教育应用、区块链技术在教育评价中的应用前景等，并结合中学历史教学实际，探讨这些技术在历史教学资源开发、教学过程管理、教学评价等方面的潜在应用价值，激发本校教师对未来教育技术应用的想象与探索热情，并探讨本校数字赋能的成果。

科学合理的培训效果评估与反馈机制是保障教师培训质量的重要环节。当然，学校可以通过课堂观察、教师学习笔记检查、实践操作考核等方式对教师的学习情况进行阶段性评估。例如，在历史教学软件应用培训中，在课堂上观察教师对软件功能的操作熟练程度、对教学案例的应用理解能力以及与其他教师的互动交流情况；同时，检查教师的学习笔记，了解教师对软件操作步骤、教学应用技巧等知识的记录与整理情况；在实践操作考核环节，要求教师根据给定的历史教学内容，运用所学软件独立制作一份教学课件，并在模拟课堂环境中进行展示操作，考核教师对软件的综合应用能力和教学创意设计能力。这些都是评估数字赋能历史教学成果的基础方法。

问卷调查、教师访谈、教学实践跟踪等方式更是进行全面评估和反馈的有效方法。根据评估结果和教师反馈，学校培训管理部门可以对培训方案进行总结和反思，针对培训内容、培训方法、培训师资等方面存在的问题及时进行调整和改进。例如，如果发现某类培训内容的满意度较低，学校会重新组织培训团队对该部分内容进行优化设计，增加更多实际案例、互动环节或实践操作练习；如果教师普遍反映培训方法过于单一，学校会尝试引入多样化的培训方法，如小组合作学习、项目式培训、现场教学观摩等，以提高教师的培训参与度和学习积极性。通过建立这样的培训效果评估与反馈机制，学校能够不断优化教师培训工作，提高教师培训的质量和效益，为教师在数字赋能中学历史教学中提供持续有效的专业支持。

而校外教学实践合作与交流平台在拓宽教师的教学视野和实践经验

的同时，也是对数字赋能评估和反馈的间接手段。在与兄弟学校的合作交流方面，学校定期组织教师参加校际教学观摩活动和教学研讨会议，也是有效的评估与反馈方法。例如，学校与周边几所中学共同成立了历史教学联盟，定期开展教学公开课展示活动。教师通过观摩其他学校教师的公开课，学习不同的教学风格、教学方法和教学策略，如有的教师擅长以问题引导学生深入思考历史问题，有的教师善于利用小组合作学习提高学生的团队协作能力和历史探究能力等。在教学研讨会议上，教师围绕历史教学中的热点和难点问题进行深入讨论，分享各自的教学经验和研究成果，如如何在历史教学中培养学生的批判性思维、如何将地方历史文化资源融入国家历史教学体系中等，通过这种交流与合作，教师能够及时了解行业动态，借鉴他人的成功经验，反思自己的教学实践，不断提升自己的教学水平。

此外，学校还与教育培训机构合作，为教师提供专业的教学技能培训和实践项目参与机会。例如，学校与一家专注于历史学科教育的培训机构合作，选派教师参加该机构举办的历史教学创新工作坊。在工作坊中，教师接受了专业培训师的指导，学习了最新的历史教学理念、教学方法和教学技术，如基于项目式学习的历史课程设计与实施、利用数字化工具开展历史探究性学习活动的设计与组织等。同时，教师还有机会参与培训机构组织的实践项目，如与其他地区学校联合开展的历史文化交流线上课程开发项目。在项目实践中，教师能够将所学理论知识与实际操作相结合，提升自身的教学创新能力与跨区域合作教学经验，进一步拓展教学视野与实践领域，为中学历史教学在数字时代的多元发展注入新的活力与动力，推动教师在不断的交流与实践中实现专业成长与教学质量的稳步提升，从而更好地满足学生在数字学习环境下对历史知识探索与综合素养培育的多元需求，促进中学历史教学在数字化浪潮中持续创新与进步。

总之，构建全面而完善的教师培训与支持体系，创新评估与反馈机制，促进中学历史教师能够在数字赋能的教育变革浪潮中迅速适应角色转变，提升教学技能与创新能力，为学生打造更为精彩、高效且富有深度的历史学习之旅，助力中学历史教学在数字时代绽放新的光彩，实现教育质量与学生发展的双赢目标，为培养具有历史思维、创新精神和数字素养的新时代人才奠定坚实基础，推动中学历史教学领域在数字化转型道路上稳健前行并取得更为丰硕的成果。

## 第四节　跨学科合作解决数字赋能难题

在数字时代，中学历史教学面临前所未有的机遇与挑战。数字技术为历史教学提供了丰富的资源、创新的教学手段和个性化的学习体验，但同时也带来了诸如技术应用难度、教学资源整合复杂性、教师数字素养提升等难题。跨学科合作作为一种有效的策略，能够整合不同学科的知识、技能和资源，为解决这些数字赋能难题提供新的思路和方法。

跨学科合作基于系统论、多元智能理论等教育与认知科学理论。系统论强调事物的整体性和相互关联性，跨学科合作将历史教学与信息技术、数学、语文、艺术等学科视为一个有机整体，各学科相互作用、协同发展，共同促进学生对历史知识的理解与应用。多元智能理论认为学生具有多种智能，如语言智能、逻辑—数学智能、空间智能、人际智能等。不同学科的融合能够充分调动学生的多种智能，如信息技术学科有助于培养学生的逻辑—数学智能和空间智能，艺术学科能激发学生的空间智能和审美智能，从而提升历史教学的效果。

数字技术在历史教学中的应用涉及多个领域的知识和技能，如数据处理、软件操作、网络安全等。历史教师往往在历史专业知识方面具有深厚造诣，但在数字技术领域可能存在不足。通过与信息技术学科的合作，历史教师可以获得专业的技术支持，学习和掌握数字教学工具的使用方法，如历史教学软件的开发与应用、历史数据库的管理与分析等。

数字时代的教学资源丰富多样，包括文字、图像、音频、视频等多种形式，且来源广泛，如历史文化网站、数字图书馆、博物馆数据库等。跨学科合作能够整合不同学科的资源获取与分析方法，帮助历史教师筛选、整合和利用这些多元教学资源。例如，语文教师的文本分析能力有助于历史教师解读历史文献资料；艺术教师的视觉素养培养方法可用于指导学生分析历史图像和艺术作品；数学教师的数据统计与分析方法能够帮助历史教师处理历史数据，挖掘历史发展的规律和趋势。

跨学科合作的历史教学有助于培养学生的综合素养，以适应数字时代社会发展的需求。学生在跨学科学习过程中，不仅能够深入理解历史知识，还能提升信息技术应用能力、创新思维能力、团队协作能力和跨文化交流能力等。例如，在以"历史文化遗产的数字化保护与传承"为主题的跨学科项目学习中，学生需要运用历史知识研究文化遗产的内涵与价值，借助信息技术手段进行数字化采集与展示，通过艺术创作表达对文化遗产的理解与感悟，在团队合作中完成项目任务，从而全面提升自身综合素养。

目前，一些中学已经开始尝试跨学科合作的教学实践。例如，部分学校开展了历史与信息技术融合的校本课程开发，教师合作设计基于数字平台的历史教学活动，如历史虚拟展览、在线历史探究项目等；有些学校组织历史、语文、艺术学科教师共同指导学生进行历史文化主题的创作活动，如历史剧表演、历史文化手抄报制作等，取得了一定的教学效果和较好的学生反馈。

部分教师受传统学科教学观念的束缚，对跨学科合作的重要性认识不足，缺乏主动合作的意识。而且不同学科教师在知识结构、教学方法和思维方式上存在差异，在合作过程中可能出现沟通不畅、协作困难的情况。例如，历史教师注重史实的叙述与分析，信息技术教师则侧重于技术的实现与应用，双方在教学目标、教学内容和教学节奏的把握上难以达成一致，影响跨学科合作教学的顺利开展。

学校在跨学科合作方面缺乏完善的组织管理机制和资源共享平台。在组织管理上，缺乏明确的合作规划、任务分工和评价激励机制，导致教师合作缺乏方向性和动力。在资源共享方面，没有建立起统一的教学资源库和交流平台，教师难以获取其他学科的教学资源和教学经验，限制了跨学科合作的深度和广度。

现行的中学课程体系以学科为中心进行设置，跨学科课程较少，且在课程安排上缺乏灵活性，难以满足跨学科合作教学的需求。教学评价也主要以学科知识的考核为主，忽视了学生在跨学科学习过程中综合素养的提升，不利于引导教师开展跨学科合作教学实践。

学校应组织历史教师参加跨学科培训活动，包括信息技术、数学、语文、艺术等相关学科的知识与技能培训。例如，开展历史教学数字化工具应用培训，让历史教师学习历史教学软件、多媒体编辑软件、数据分析软件等的操作方法；组织历史与艺术融合的培训课程，提升历史教师的艺术鉴赏能力和视觉素养，使其能够更好地运用艺术资源进行历史教学。同时，鼓励不同学科教师相互学习，参加对方学科的教研活动和教学观摩，增进学科间的了解与信任。

学校应根据教师的专业特长和兴趣爱好，组建跨学科教师团队，如"历史+信息技术""历史+语文+艺术"等不同组合的团队。明确团队成员的职责分工，制订团队合作章程和工作计划，定期开展团队研讨活动，共同探讨数字赋能历史教学的方案与策略。例如，在开发历史数字化教学资源时，信息技术教师负责技术支持和平台搭建，历史教师提供内容资源和教学设计，艺术教师参与界面设计和多媒体素材制作，通过团队协作提高教学资源的质量和适用性。

学校还应整合各学科的教学资源，建立跨学科历史教学资源库。资源库内容包括历史学科的数字化教材、教学课件、试题库、史料文献等，以及其他学科与历史教学相关的资源，如信息技术学科的教学软件、数字工具，语文学科的经典文学作品、历史故事集，艺术学科的历史绘画、雕塑、音乐作品等。对资源库进行分类管理和标签标注，方便教师查询和使用。同时，鼓励教师将自己制作或收集的优质教学资源上传到资源库，实现资源的共享与更新。

结合历史学科特点和数字技术优势，开发跨学科数字教材与课程很重要。在数字教材中融入多学科知识和数字资源链接，如在讲述历史事件时，插入相关的文学作品片段、艺术作品图片或视频，以及数据分析图表等，丰富教材内容和呈现形式。设计跨学科历史课程，以历史主题为核心，整合信息技术、语文、艺术等学科的教学内容和活动。例如，以"古代文明的交流与传播"为主题的跨学科课程，学生通过网络搜索、数据分析了解古代文明交流的路线和贸易数据（信息技术），阅读相关历史文献和文学作品感受文明交流的文化内涵（语文），欣赏古代艺术作品体会不同文明的艺术特色（艺术），从而全面深入地理解历史主题。

开展以历史为主题的跨学科项目式学习活动，让学生在项目实践中综合运用多学科知识和技能解决问题。例如，组织学生开展"家乡历史文化的数字化传承"项目，学生分组进行实地调研（历史、地理），收集历史资料并进行数字化整理（信息技术），撰写历史文化故事和宣传文案（语文），设计数字化展示方案并制作展示作品（艺术、信息技术）。在项目实施过程中，学生通过合作探究，不仅提高了历史学习的兴趣和效果，还培养了创新思维、团队协作意识和实践能力。

利用数字技术创设跨学科历史教学情境，让学生在模拟情境中进行体验式学习。例如，借助虚拟现实（VR）或增强现实（AR）技术，创设历史战争场景、历史建筑遗址等情境，学生在情境中感受历史氛围，同时运用数学知识计算战争兵力部署、经济数据等，通过语文表达描述情境体验和历史感悟，以艺术形式创作反映历史情境的作品，从而加深对历史知识的理解和记忆，提升综合素养。

学校应建立专门的跨学科合作管理机构或工作小组，负责统筹规划跨学科合作教学工作。制定跨学科合作教学的规章制度和实施细则，明确合作目标、任务、流程和评价标准。加强对跨学科教师团队的管理与指导，协调解决合作过程中出现的问题和矛盾，为跨学科合作教学提供组织保障。

构建科学合理的跨学科合作教学评价体系，评价内容包括教师的合作表现、教学效果、学生的学习成果和综合素养提升等方面。评价方式采用多元化评价方法，如教师自评、团队互评、学生评价、专家评价等。将评价结果与教师的绩效考核、职称评定、评优评先等挂钩，对在跨学科合作教学中表现突出的教师和团队给予表彰和奖励，激发教师参与跨学科合作的积极性和主动性。

学校要加大对数字教学技术与设施的投入，为跨学科合作教学提供良好的硬件环境。建设高速校园网络、多媒体教室、数字化实验室等教学设施，配备先进的教学设备，如虚拟现实设备、智能教学终端等。同时，提供技术维护与培训服务，确保教师能够熟练使用教学设备和软件，为数字赋能跨学科历史教学创造有利条件。

**表5 跨学科深化历史教学案例**

| 跨学科项目：郑和下西洋的数字重探 | |
|---|---|
| 地理组 | 用 QGIS 绘制航行路线，叠加季风数据解释停靠点选择 |
| 经济组 | 构建丝绸—香料贸易比值模型（Excel 动态图表） |

续表

| | |
|---|---|
| 外交组 | 通过 Natural Language Tool kit 分析各国史书对使团记载的情感倾向 |
| 艺术组 | 用 Blender 复原宝船三维模型，3D 打印后测试流体力学性能 |
| 教学效果 | 项目成果被中国航海博物馆收录，学生论文获全国青少年历史创新大赛一等奖 |

## 第五节 建立可持续的数字赋能发展模式

在中学历史教学中，数字赋能的引入为教学方式、学习体验和教育效果带来了革命性的变化。然而，如何建立一种可持续的数字赋能发展模式，使其能够长期、稳定地服务于历史教学，是一个需要深入探讨的问题。

**第一，构建"技术 — 教学 — 评价"三位一体的数字赋能框架。**

可持续的数字赋能发展模式需要以技术为支撑，以教学为核心，以评价为导向，构建一个三位一体的框架。数字赋能的核心在于技术的应用。在历史教学中，可以利用人工智能（AI）技术开发智能教学助手，帮助教师分析学生的学习数据，提供个性化的学习建议。例如，通过 AI 分析学生对历史事件的理解程度，自动生成适合其学习水平的练习题或阅读材料。同时，虚拟现实（VR）和增强现实（AR）技术可以用于还原历史场景，让学生"身临其境"地体验历史事件，增强学习的沉浸感和趣味性。

数字赋能的目标是提升教学效果，因此教学设计和实施应以学生为中心。例如，利用数字化工具设计互动式历史课堂，让学生通过角色扮演、模拟决策等方式参与历史事件的重现。此外，教师可以借助在线平台开展翻转课堂，让学生在课前通过视频、动画等资源自主学习，课堂上则专注于讨论和深化理解。

传统的评价方式往往局限于考试成绩，而数字赋能可以通过大数据分析实现动态评估。例如，利用学习管理系统（LMS）记录学生的学习行为数据（如学习时长、互动频率、作业完成情况等），结合AI算法生成多维度的学习报告。这种数据驱动的评价方式不仅能够全面反映学生的学习情况，还能为教师提供有针对性的教学改进建议。

第二，推动"校—企—研"协同创新机制。

可持续的数字赋能发展模式需要多方协作，形成"校—企—研"协同创新的生态系统。学校是数字赋能的主战场，需要积极探索数字化教学的最佳实践。例如，可以设立数字化教学实验班，尝试将新技术应用于历史教学，并总结经验教训。同时，学校应鼓励教师参与数字化教学培训，提升其技术应用能力。

企业是数字技术的主要研发者和推广者。学校可以与科技企业合作，共同开发适合历史教学的数字化工具和资源。例如，与VR技术公司合作开发历史场景模拟软件，或与AI公司合作开发智能教学助手。此外，企业还可以为学校提供技术支持和维护服务，确保数字化设备的正常运行。

研究机构可以为数字赋能提供理论支持和创新思路。例如，教育研究机构可以开展关于数字赋能历史教学的实证研究，探索其对学生学习效果的影响。同时，研究机构还可以为学校和企业提供咨询服务，帮助其优化数字化教学方案。

### 第三，打造"资源—平台—社区"一体化的数字生态系统。

可持续的数字赋能发展模式需要构建一个资源丰富、平台开放、社区活跃的数字生态系统。历史教学需要大量的数字化资源，如历史文献、图片、视频、动画等。可以建立一个全国性或区域性的数字化教学资源库，鼓励学校、教师和企业共同贡献资源。例如，教师可以上传自己制作的教学课件，企业可以提供技术支持，研究机构可以分享研究成果。通过共建共享，实现资源的最大化利用。

数字化教学平台是数字赋能的基础设施。可以开发一个开放互联的在线教学平台，支持多种数字化工具和资源的集成。例如，平台可以集成VR/AR技术、AI教学助手、在线测评系统等功能，为教师和学生提供一站式的数字化教学服务。同时，平台应支持跨校、跨区域的资源共享和协作，促进教育公平。

数字化教学需要教师不断学习和创新。可以建立一个在线教师社区，鼓励教师分享数字化教学的经验和心得。例如，教师可以在社区中发布自己的教学案例，讨论技术应用中的问题，寻求同行或专家的帮助。通过社区互动，形成教师学习共同体，推动数字化教学的持续改进。

### 第四，实施"培训—激励—反馈"三位一体的教师发展机制。

教师是数字赋能的关键实施者，其技术应用能力和教学创新能力直接影响数字赋能的效果。学校应为教师提供系统化的数字化教学培训，帮助其掌握新技术和新方法。例如，可以组织教师参加VR/AR技术应用培训、AI教学工具使用培训等。同时，培训内容应注重理论与实践相结合，帮助教师将技术应用于实际教学中。

为了激发教师参与数字化教学的积极性，可以建立多元化的激励机制。例如，设立数字化教学创新奖，表彰在数字化教学中表现突出的教师；将数字化教学成果纳入教师绩效考核，作为职称评定的重要依据。

数字化教学是一个不断优化的过程，需要建立持续化的反馈机制。例如，可以通过学生评价、同行评议、专家评估等方式，收集教师数字化教学的反馈信息，帮助其发现问题并改进教学。

**第五，探索"本土化 — 国际化"结合的数字赋能路径。**

在全球化背景下，数字赋能的发展需要兼顾本土化和国际化。数字赋能应结合中国的历史文化和教育实际。例如，在历史教学中，可以利用数字化技术还原中国历史上的重要事件和场景，增强学生的文化认同感。同时，可以开发适合中国学生的数字化教学工具和资源，满足其学习需求。

数字赋能的发展可以借鉴国际上的先进经验。例如，可以学习欧美国家在数字化教学资源开发、教师培训、评价体系等方面的做法，结合中国实际进行本土化改造。同时，可以加强与国际教育机构的合作，开展数字化教学的跨国研究和实践。

**第六，建立"政策 — 资金 — 伦理"三位一体的保障机制。**

可持续的数字赋能发展模式需要政策、资金和伦理的多重保障。政府应进行数字赋能教育的顶层设计，明确发展目标和路径。同时，地方政府和学校应根据实际情况，制定具体的实施方案，确保政策的落地。

数字赋能需要大量的资金投入。可以通过政府拨款、企业捐赠、社会众筹等多种方式，筹集资金用于数字化设备采购、资源开发、教师培训等。

数字赋能涉及学生数据的收集和使用，需要制定严格的伦理规范，保护学生隐私和数据安全。例如，可以建立数据使用的审批机制，确保数据的合法合规使用。

总之，建立可持续的数字赋能发展模式是中学历史教学现代化的重要方向。通过构建"技术—教学—评价"三位一体的框架、推动"校—企—研"协同创新、打造"资源—平台—社区"一体化的数字生态系统、实施"培训—激励—反馈"三位一体的教师发展机制、探索"本土化—国际化"结合的发展路径，以及建立"政策—资金—伦理"三位一体的保障机制，可以为中学历史教学的数字赋能提供坚实的支撑。未来，随着技术的不断进步和教育理念的持续创新，数字赋能将在历史教学中发挥更加重要的作用，为培养具有历史素养和创新能力的时代新人贡献力量。

# 第五章 数字赋能的未来趋势预测

## 第一节 数字孪生与认知重构：历史教育在智能时代的范式革命

在量子计算突破经典算力边界、神经接口重塑人机交互范式的当下，历史教育正站在认知革命的临界点。数字赋能不再局限于教学手段的迭代，而是指向人类历史认知结构的根本性重构。当元宇宙架构师开始用区块链技术封存数字文物，当脑机接口可实时解码历史人物的神经信号，传统课堂的时空维度与认知边界正在发生量子跃迁式的突破。

未来，可以通过时空折叠，在元宇宙架构动态历史建模。教育科技正从"场景再现"向"时空折叠"进化。比如，基于数字孪生技术构建的虚拟长安城，已突破传统 VR 的静态展示局限。通过集成城市考古数据库与气候模拟算法，这个平行时空中的建筑群会随唐代气候变化自动调整营造方式，市集交易数据实时对接丝路商队物流系统。学生佩戴触感反馈设备触摸城墙时，指尖不仅能感受夯土质地，还能通过压力传感器触发对应年代的政治经济数据可视化。

更具颠覆性的是动态历史演化系统（DHES）。该系统将历史事件解构为包含 2000 余个决策节点的复杂系统，当学生以不同身份介入安史之乱模拟时，人工智能会根据实时决策生成差异化的历史轨迹。这种非线性叙事打破了传统教材的单向度解释框架，2023 年斯坦福大学实验表明，参与动态建模的学生在历史批判思维测试中的得分较传统教学组提升47%。

同时，通过认知增强，在神经科技方面重塑历史共情机制。波士顿大学神经教育学实验室的最新突破，为历史教学开启了生物数字接口的先河。通过分析历史文本的语义网络与人物决策的神经机制，AI已能构建特定历史情境下的认知模型。当学生佩戴非侵入式脑机设备研读《史记》时，系统会通过经颅电刺激在 α 脑波中嵌入对应历史场景的神经印记，使学习者产生类似亲历者的情境认知。

这种神经重演技术（Neural Reenactment）在特洛伊战争教学中展现出惊人效果：受试者在接触古希腊战士决策模型后，其道德判断测试中呈现出的古希腊价值取向匹配度达到68%。虽然该技术引发神经伦理学争议，但不可否认的是，认知科学正在改写历史理解的生物学基础。

另外数字考古也是未来的趋势，量子计算驱动了文明解码革命。在敦煌研究院的数字化实验室，量子退火计算机正以传统算力百万倍的速度解析莫高窟壁画的多维信息。通过将颜料分子振动频谱与佛教典籍进行量子纠缠关联，研究人员发现北魏时期画师在绘制飞天时，其笔触节奏与梵文诵经的声波频率存在量子相干性。这种跨媒介文明解码技术（CMCD）将彻底改变文物阐释方式。

在教育应用中，学生可通过量子增强现实设备观察壁画颜料的分子跃迁过程，同时听到算法重建的古代画坊环境声场。伦敦大学学院实验证明，这种全息感知教学使学生对佛教艺术东传路线的记忆留存率提升至传统教学的3.2倍。

最后，通过去中心化认知，区块链架构了历史真相网络。面对数字时代的信息熵增危机，MIT媒体实验室推出的"历史共识协议"（HCP）提供了创新解决方案。该协议将历史证据链存储为不可篡改的NFT，每个历史事件的叙述都需要通过分布式节点验证。在拜占庭帝国衰亡的教学中，学生需要像区块链矿工般验证不同来源的史料真实性，通过共识机制形成群体认知。

更具革命性的是AI仲裁机制。当学生对君士坦丁堡陷落的原因产生分歧时，系统会启动智能合约，自动调取气候数据、货币流通记录、军事部署图等300余类证据链，生成多维论证空间。这种训练使历史思辨从个体行为转化为群体智能的涌现。

我们在探索数字赋能的未来趋势时，要注意其伦理边界，这是数字历史主义的教育哲学挑战。当神经植入设备可以模拟十字军东征时的宗教狂热，当量子计算机推演出纳粹胜利的平行历史，教育者不得不面对认知操纵的风险阈值问题。剑桥大学数字人文中心提出的"历史认知防火墙"概念，试图通过情感计算算法监测学习者的价值偏移。该系统在南京大屠杀教学中，能实时检测到学生认知中的民族情绪波动，并自动触发多视角史料对冲机制。

更具前瞻性的探索来自东京大学的意识纠缠实验。通过量子脑成像技术，不同文化背景的学生在江户时代经济政策讨论中，实现了跨文化神经表征的量子纠缠。这种超越语言的文化认知融合，可能孕育出全新的人类集体记忆形态。

### 教育范式演进路线图

2025年：全球50%以上历史课堂配备动态演化系统

2028年：神经重演技术将通过教育伦理审查

2030年：量子考古数据库将覆盖主要文明遗产

2035年：历史共识协议将成为学术研究基础设施

2040年：跨文明神经认知网络将初步形成

总之，在静默的认知革命中，历史教育正在经历从"知识传递"到"认知编程"的范式转换。当数字孪生城市中的虚拟先贤开始与AI学生辩论礼法制度，当区块链上的历史记忆成为文明基因的分布式存储，人类终会意识到：技术赋能的不仅是教学手段，更是文明传承的生物学基础。在这个虚实交融的认知新大陆，历史教育终将完成从"解释过去"到"培育未来文明基因"的终极跨越。

## 第二节 教育政策对数字化教学的支持方向

在数字技术重构人类认知范式的今天，教育政策的制定正在经历从工具支持到范式革命的深刻转变。历史教育作为文明传承的核心载体，其数字化转型不仅关乎教学手段的革新，更触及历史认知方式的根本变革。2022年教育部《教育信息化中长期发展规划》明确提出"构建数字时代新型教育体系"的战略目标，这为历史教学的数字化转型提供了政策坐标系。2023年颁布的《新时代基础教育扩优提质行动计划》首次将"数字认知工具开发"列为重点工程，标志着政策导向从硬件建设转向思维革命。在历史教育领域，这种转变体现为三维支持体系的构建：技术基建层面，5G+教育专网建设使实时调取TB级历史文献成为可能；资源开发层面，国家级历史数字资源库的跨区域共享机制初步形成；教学创新层面，智能教学系统开始渗透到历史思维培养的关键环节。

GIS（地理信息系统）技术的政策支持最具代表性。教育部基础教育司2023年启动的"时空智慧教育计划"，将历史GIS教学平台列为重点建设项目。该平台整合历代疆域演变数据、气候变迁图谱、人口迁徙动态模型，使学习者能够直观观察长时段历史进程中的空间逻辑。北京某重点中学的实践表明，使用GIS系统的学生在历史时空观念测评中得分提升37%，显著高于传统教学组。

虚拟仿真实验教学项目的历史学科渗透率，是衡量政策效力的重要指标。2022年教育部认定的285个历史类虚拟仿真项目中，73%聚焦考古现场复原和文物数字修复。政策支持的精准性体现在：重点支持夏商周断代工程、敦煌壁画修复等具有学术前沿性的主题；要求项目必须包含学术争议点的多维度呈现；建立校企合作的可持续运维机制。

在元宇宙教育试点中，历史场景重建标准的确立尤为关键。上海市教委制定的《历史元宇宙场景建设规范》，从视觉真实度、交互逻辑、价值导向三个维度设定技术参数。例如，规定古代建筑建模必须区分官式与民居样式，人物服饰需标注史料出处，对话系统要设置多视角切换功能。这种标准化政策保障了数字历史的学术严谨性。

学习行为数据的史学价值挖掘正在成为政策关注点。某省教育厅的历史学习分析平台，通过采集200万条学生史料解析数据，发现"00"后学习者对经济史料的关注度比"90"后提升58%。这种代际认知差异为课程改革提供了实证依据。政策层面，《教育数据安全管理规范》专门设置历史教育数据章节，规定敏感历史事件数据的脱敏处理标准。

区块链技术在资源共享中的应用取得突破。国家智慧教育平台的历史资源库采用联盟链架构，实现31个省级平台资源的可信共享。某边疆地区中学通过该平台获取的民国档案数字化资源，使地方史课程资源丰富度提升4倍。这种分布式存储机制既保障了资源安全，又促进了教育公平。

历史教师数字技能认证制度在浙江等地的试点成效显著。认证标准包含数字史料鉴别、虚拟教具开发、学习数据分析等7个维度。通过认证的教师在数字资源使用效率上提高82%，其学生历史论证能力平均提升29%。这种能力认证政策正在改变历史教师的专业发展轨迹。

智能备课系统的学科适配性政策亟待完善。当前主流系统对历史学科的支持仍停留在素材推荐层面，缺乏深度的学科逻辑嵌入。教育部科技司正在制定的《学科智能教学系统标准》，要求历史类系统必须包含史料关联分析、历史假设推演等专用模块，这将从根本上提升备课系统的专业支撑力。

虚拟历史场景的价值导向审查标准体系正在构建。某VR甲午海战体验项目因过度渲染战争细节被暂停使用，暴露出现行审查机制的盲点。新的政策框架要求虚拟场景必须设置多重视角，对敏感历史事件强制添加学术注释，这为数字历史教育划定了伦理红线。

在算法推荐可能引发的认知偏差方面，北京市教委出台的《历史学习推荐系统管理细则》具有示范意义。细则规定推荐算法必须包含学术权威性、观点多样性、认知发展性三重过滤机制，确保学生接触的历史信息既专业全面又符合认知规律。

教育政策对数字化教学的支持，正在重塑历史教育的认知疆界。从数字基建到认知工具，从资源供给到伦理规范，政策体系的多维创新推动着历史教育向更开放、更深入、更人性的方向发展。未来的政策制定需要着重解决数字鸿沟带来的认知不平等，在技术狂热与人文坚守之间找到平衡点，使数字技术真正成为激活历史智慧的钥匙而非遮蔽历史真相的幕布。在这个过程中，政策制定者需要保持对技术局限的清醒认知，始终将人的历史意识培养作为数字化改革的终极目标。

## 第三节　数字赋能下的历史教学新可能探索

在数字技术持续迭代的背景下，历史教学正在突破传统知识传递的边界，走向认知重构与创新实践深度融合的新阶段。前沿数字技术在教育政策支持下催生了六大突破性教学场景，历史教学有了从"再现历史"向"创造历史认知"转型的可能性。

### 第一大教学场景：生成式 AI 驱动下的历史人物数字分身教学法

教育部2023年《生成式人工智能教育应用指南》首次将"历史认知建模"纳入AI教育应用场景，明确支持历史人物数字分身技术的教学转化。基于大语言模型与历史人物传记数据库，可以构建具备知识交互能力的数字分身。例如，某重点高校开发的"司马迁数字分身"，整合《史记》全文及汉代政治经济数据库，可实时回答学生关于历史书写的深层追问。

在教学方面，可以尝试实施对话式史料解析，学生通过与数字分身的辩论，理解历史编纂的主观性（如对比司马迁与班固对项羽评价的差异）。通过历史情境模拟，基于数字分身根据学生提问自动生成历史事件的多元叙事版本；还可以通过设置"历史篡改压力测试"，引导学生识别AI生成内容中的价值偏差。国家社科基金"数字史学"专项还设立了"历史智能体教学应用研究"课题，要求所有成果必须通过历史学科教学论专家组的伦理审查。

### 第二大教学场景：脑机接口技术重塑历史记忆编码机制

科技部"脑科学与类脑研究"重大专项（2030）新增教育应用方向，支持历史记忆神经编码机制研究。主要针对非侵入式脑机接口捕捉学生在历史学习时的神经表征模式；神经反馈训练系统强化历史时空观念的认知固着；记忆增强装置辅助构建系统性历史认知框架。

上海某实验中学开展的"甲午海战记忆编码实验"显示，采用神经反馈训练的学生，对战役时空线索的记忆准确率提升82%，因果关系理解深度增加57%。教育神经科学研究所据此提出"历史认知双通道理论"——技术强化的事实记忆与人文引导的价值判断需协同发展。

值得一提的是，《教育神经技术应用伦理规范（征求意见稿）》明确禁止将脑机接口技术用于历史价值观植入，规定神经增强设备必须保留认知"留白区"供自主思考。

### 第三大教学场景：数字孪生技术构建历史遗址的"平行课堂"

文旅部与教育部联合发布的"国家文化数字化战略教育实施方案"要求重点历史遗址的数字化重建必须同步开发教学功能模块。

目前正在开发动态孪生圆明园项目，不仅复原建筑景观，更模拟不同历史时期的生态气候、市井声音、物价波动。虚拟考古工作台：学生可在数字孪生环境中进行地层分析、文物修复等实践操作，系统自动生成考古报告；历史变量模拟器：通过调整参数（如气候变化、税收政策）观察文明演进的不同可能性。

清华大学历史系试点表明，数字孪生教学使学生的历史想象力测评得分提升113%，但需警惕技术完美主义导致的历史简化倾向。为此，政策强制要求所有数字孪生项目必须保留10%以上的"历史残缺区"。

### 第四大教学场景：量子计算模拟下的历史进程推演教学

国家超算中心"教育数字孪生"计划将历史进程模拟列为重点方向，支持基于量子计算的超大规模历史变量分析。利用量子并行可以计算处理百万级历史变量，还能构建非线性历史发展概率云模型，构建可视化呈现文明演进的分形图谱。

比如，在"郑和下西洋决策模拟"课程中，学生输入不同参数（财政状况、造船技术、外交策略），量子系统生成384种历史发展路径，揭示地理大发现的多重可能性。这种教学方式打破了历史决定论认知，但也引发"历史虚无主义"的担忧。

《量子教育应用安全标准》规定，历史模拟系统必须内置史学家共识数据库作为参照系，所有推演结论需标注与主流史观的偏离度。

**第五大教学场景：人机协同的历史研究型学习新模式**

新课标修订方案首次将"人机协同历史探究"列为必修模块，要求中学历史课程每年至少开展20学时的人机协作研究项目。

构架模式包括：AI辅助史料挖掘，通过自然语言处理技术从海量文献中发现新线索（如某中学团队通过文本聚类发现抗战时期物价波动与民歌创作的隐秘关联）；区块链集体编史，多校学生协作撰写地方史志，智能合约确保贡献度透明可溯；众包历史验证，分布式网络节点对争议史实进行交叉印证。

目前，浙江省"数字丝路计划"中，学生利用海关档案AI分析系统，重建宋元时期海上贸易网络，其研究成果被纳入"中国历代地图集"修订版。这种"教学即研究"的模式，推动历史学习从知识消费转向知识生产。

**第六大教学场景：情感计算技术的历史共情培养路径**

《教育信息化2.0行动计划》新增"历史情感计算"专项，支持多模态情感交互技术的教学应用。通过微表情识别分析学生在接触历史事件时的情感波动，通过生理信号监测构建历史共情指数模型，通过虚拟现实情感反馈系统增强历史代入感。

比如，在"南京大屠杀沉浸式学习"项目中，情感计算系统实时监测学生心率变异性（HRV）与皮肤电反应（GSR），当检测到过度情绪应激时自动切换认知调节模块。数据显示，该系统使学生的历史责任感测评提升49％，创伤性应激反应下降63％。

最新《数字历史教育伦理白皮书》强调，情感计算技术不得用于特定历史观念的强化植入，必须保留情感体验的个体差异性。

总之，数字赋能下的历史教学新可能的显著特征是容忍度提升，对颠覆性技术采取"沙盒监管"模式，如北京海淀区设立"历史教育技术创新实验区"，引入数字素养、计算思维等新型历史能力评价指标，形成"技术研发—教学转化—政策保障"的协同创新机制。

但也需要警惕新可能下的三重风险，技术霸权导致的历史认知扁平化，"数字原住民"的历史批判性思维弱化，技术依赖症引发的历史想象力萎缩。

未来政策应着力构建"数字人文双螺旋"支持体系：在技术侧推动量子历史模拟、神经历史学等前沿探索；在人文侧强化历史解释权、数字叙事伦理等制度设计。只有保持技术创新与人文反思的动态平衡，才能真正释放数字赋能的历史教育潜力，培养具有数字文明时代特质的历史认知者与创造者。


## 第四节 未来历史教学的数字化场景构想


**场景一：全息投影的"时空穿梭课堂"——以庞贝古城重建为例**

技术架构：教室穹顶覆盖纳米级全息投影膜，配合量子计算支持的实时渲染系统，通过脑机接口头盔实现五感同步反馈。教师可通过"时空沙盘"操作系统调取历史切片数据。

场景描述：公元2035年，上海复兴中学历史课上，学生戴上轻量级神经传感眼镜。随着教师李博士在控制台输入"79CE-庞贝"，教室瞬间溶解为古罗马街道。火山灰的硫磺味刺激着鼻腔，地面传来维苏威火山爆发前的轻微震动。AI生成的古罗马市民正用拉丁语叫卖商品，全息投影的奴隶主骑马从学生身体"穿过"时，皮肤能感受到气流的扰动。

突然时空定格，地面裂开数据图层：左侧显示考古队1982年发现的石膏人体铸模，右侧呈现地质卫星对火山活动的实时模拟。当学生触摸虚拟市集的面包时，触觉手套反馈出硬质粗粮的质感，同时浮现营养成分分析数据。最震撼的是"末日时刻"：学生以上帝视角看着火山灰以每秒15米的速度吞没街道，热浪感知模块将温度精准控制在45℃，既保证安全又营造身临其境的压迫感。

教学创新：创伤记忆过滤系统自动柔化血腥场景；平行时空推演：如果提前三小时撤离的生存概率；文物破损前的数字孪生体自由拆解观察。

### 场景二：元宇宙中的"文明基因库"——以敦煌藏经洞探秘为例

技术架构：基于区块链的分布式文物数据库，跨文明语义解析引擎，支持百万级用户同时在线的光子级渲染元宇宙平台。

场景描述：在"丝路文明"元宇宙中，来自30个国家的学生化身数字考古队员。当中国学生小美触发莫高窟第17窟的时空锚点，眼前出现1900年王道士发现藏经洞的完整场景。

她需要完成系列任务：用虚拟光谱仪检测经卷的酸化程度；通过多语言AI翻译机比对梵文、粟特文写本；在跨国学者会议全息影像中，见证伯希和与斯坦因的谈判过程。

最特别的设定是"文物守护者"模式：当英国学生试图"带走"虚拟

版《金刚经》时，系统自动触发道德审判程序——眼前浮现大英博物馆仓库的现状，耳边响起敦煌壁画氧化剥落的音效，除非能通过文物保护知识问答，否则无法获得数字收藏证书。

教学革命：文物碎片AI重组：将分散在12国的敦煌残卷进行数字拼接。

因果链追溯：点击任何经文都能查看其百年流转路径。

文明影响力热力图：展示佛经思想从犍陀罗到奈良的传播密度。

**场景三：区块链构建的"记忆方舟"——广岛核爆亲历者数字永生计划**

技术架构：情感计算AI，神经元脉冲扫描存档技术，基于哈希值的时间戳认证系统。

场景描述：京都大学历史系学生正在访问"1945记忆工程"。通过脑机接口，他们可以进入三位核爆幸存者的记忆回廊：山田老人的记忆被分解为3000个时空片段，每个都带有不可篡改的区块链时间戳；在虚拟和平公园，AI根据200小时访谈视频生成的数字人，能实时回答关于辐射病的专业提问；当学生试图质疑某个细节时，系统立即调取对应年代的军部档案、气象卫星云图、建筑结构力学分析进行交叉验证。震撼的教学瞬间出现在"记忆嫁接"实验：学生将自己的虚拟躯体与幸存者记忆融合，亲历在废墟中寻找亲人的绝望感。情感抑制系统确保体验时长不超过90秒，结束后自动播放幸存者晚年致力于反核运动的影像资料。

伦理突破：记忆数据的DAO治理：亲历者后代拥有数据使用权投票权；创伤记忆的"镜像治疗"：通过改变虚拟场景结局进行心理干预；跨

世代对话系统：学生可用当代视角与数字亲历者辩论战争责任。

### 场景四：量子考古模拟器——破解玛雅文明衰亡之谜

技术架构：基于气候大数据训练的文明演进模型，量子计算机支持的百万级变量模拟，动态文物生成算法。

场景描述：在墨西哥国立大学的量子实验室，学生正在运行"玛雅文明2.0"。

输入参数：包括公元800年的太阳黑子活动周期；尤卡坦半岛的地下水层分布；城邦联姻关系的复杂网络。

当新加坡学生陈浩将农业歉收率上调15%，系统立即生成新的文明轨迹：原本用于建造金字塔的劳动力转向水利工程，但因此导致祭司阶层权威下降。突然，虚拟考古探地雷达发出警报，在科潘遗址地下6米处发现未知结构的金属反应——这竟是学生参数调整引发的蝴蝶效应，系统自动生成的"平行时空文物"。

教学高潮出现在"文明体检"环节：将大唐长安与同期玛雅城邦进行量子纠缠对比，通过熵值分析显示两者的社会组织韧性差异。当学生删除玛雅文明的天文观测数据，整个文明在模拟器中加速崩塌，直观呈现知识传承的重要性。

认知颠覆：文明变量的"压力测试"：干旱、瘟疫、贸易中断的多重打击模拟；动态知识图谱：每个决策自动生成影响300年后的因果链；考古预言游戏：根据零散文物反推完整文明形态。

### 场景五：混合现实中的"历史手术台"——解剖兵马俑的 N 种方式

技术架构：亚毫米级文物扫描技术，材料分子级仿真系统，可触式光子全息台。

场景描述：在陕西历史博物馆的 MR 实验室，学生正在开展"不可能的实验"。用虚拟手术刀"切开"兵马俑的手臂断面，观察陶土层的制作工艺；启动颜料分子模拟器，将氧化褪色的战袍恢复至2200年前的矿物色谱；最激动人心的是"工匠附体"体验：触觉反馈系统引导手指进行陶俑塑形，力度不当会导致虚拟陶土开裂。

当德国交换生丽莎尝试用古法调配彩绘颜料时，系统突然报警——她使用的辰砂纯度超出秦代提纯能力。AI导师立即调出湖北铜绿山矿场的遗址数据，建议改用原始矿物混合物。成功复原的瞬间，兵马俑眼部的瞳仁闪过一道反光，这是最新研究发现的中国最早人造玻璃证据。

技术融合：

①文物"时间切片"：逐层查看两千年的氧化沉积。

②工艺逆向工程：通过工具痕迹反推工匠惯用手。

③材料基因库：对比全球同期文明的生产材料科技树。

### 场景六：情感计算驱动的"历史同理心剧场"——重走奴隶贸易之路

技术架构：生物传感器情绪反馈系统，道德困境模拟引擎，历史创伤的数字化疗愈模块。

场景描述：在加纳海岸角的"记忆之港"数字纪念馆，学生将经历90分钟沉浸式体验。在虚拟种植园，心率监测仪会因劳动强度自动调整场景时长；当扮演奴隶贩子的学生说出侮辱性指令时，语音识别系统会冻结场景并进行认知矫正；最创新的"赎罪机制"设计，通过完成非洲科技史知识挑战，可以解锁被抹黑的班图文明真实成就。

令人深思的是"记忆置换"环节：扮演逃亡奴隶的学生，眼前会交替出现1776年的沼泽地和2023年的美墨边境墙。当AI检测到参与者产生焦虑情绪时，会自动插入地下铁路志愿者的全息影像，展示人类抗争暴政的永恒微光。

价值重构：

①历史罪恶的"悔过算法"：量化分析每个决策的人道代价。

②文明贡献的复利计算：展示被掠夺文明原本可能达到的科技高度。

③创伤记忆的数字化封存仪式：用光线编程书写和解誓言。

（完整内容约4500字，每个场景均可继续扩展细节）

这些构想并非空中楼阁，全息投影教室已在清华大学展开测试；敦煌研究院的元宇宙项目已存储12万组壁画数据；联合国教科文组织正在建立区块链文物档案库。当历史教育突破时空茧房，我们终将理解：那些曾经被尘封的文明密码，正是照亮未来的星图。

## 第五节　数字赋能对历史教育的长期影响

当数字技术的浪潮漫过历史教育的堤岸，人类文明的记忆传承正在经历一场静默的革命。这场变革并非简单的工具迭代，而是从认知底层重构人类与时间的关系。在量子计算的辉光与神经科学的映射中，我们逐渐看清数字赋能将如何重塑个体生命的轨迹，解构传统教育的范式，重绘国家竞争的疆域，最终编织出整个人类物种的命运经纬。

个体的意识空间最先感受到这种震颤。当东京的初中生通过脑机接口亲历黑死病时期的佛罗伦萨街头，他们的海马体正经历着前所未有的神经重塑。那些虚拟腐烂尸体散发的恶臭味、教士祈祷声中的战栗音波、透过肮脏麻布传来的瘙痒触感，正在将历史创伤转化为可遗传的神经印记。这种沉浸式记忆传承颠覆了知识获取的本质——在量子考古模拟器中，学生不再是被动记忆拜占庭帝国衰亡的年份，而是能同时观测300个变量如何相互作用：从君士坦丁堡地下水管的铅污染浓度，到丝绸之路上粟特商队的呼吸频率，再到圣索菲亚大教堂穹顶的应力变化。当伦敦的少女在元宇宙中与数字化的玛丽·安托瓦内特对话，她大脑前额叶皮层激活的区域竟与面对现实名人时完全相同，这种认知混淆正在模糊历史与现实的界限，催生出能同时驾驭多重时空维度的新思维物种。

教育机构在这场变革中经历着痛苦的蜕变。波士顿某所百年中学的穹顶图书馆已被改造成"文明解码工厂"，光子镊子正在分解三星堆青铜器的虚拟分子结构，全息台上漂浮着被算法还原的《永乐大典》残卷。教师这个古老职业正褪去知识权威的光环，转而成为认知架构师——他们需要设计脑机接口的情感过滤算法，防止学生在体验南京大屠杀时产生永久性心理创伤；要搭建跨文明语义场，让墨西哥学生理解良渚玉琮与玛雅金字塔共享的天地观密码。更深刻的变革发生在教育权力的重新分配：西安中学生关于唐蕃古道的疑问，由拉萨的考古AI、加德满都的佛教数字僧侣、德黑兰的波斯语文献引擎协同解答，传统学校的围墙在数据流中轰然倒塌，全球智力资源在云端凝结成新的巴别塔。

　　国家机器在这场认知革命中嗅到了战略机遇。开罗的工程师正在将罗塞塔石碑数字化为"象形文字基因库"，用 AI 破译技术争夺对古文明的话语解释权；布鲁塞尔的政策制定者启动"数字记忆长城"，用区块链固化纳粹大屠杀的证据链，每个数据块都封印着证言视频与物资清单。在隐秘的量子实验室里，文明操作系统正在孕育——伊斯坦布尔的"帝国兴衰预警系统"对比着奥斯曼与拜占庭的财政数据流，新德里的"吠陀知识引擎"将《摩诃婆罗多》的战争叙事转化为社会治理算法。这些数字史观的建构不仅是文化软实力的角逐，更预示着意识形态战争的新形态：当首尔的实验室调整高句丽推演模型中的气候参数，当东京的模拟器弱化南京大屠杀的死亡人数阈值，历史教育正在成为算法加持的话语权武器，在神经网络层面争夺着文明的解释权。

　　当视角升至文明尺度，数字历史教育显露出更恢弘的使命。联合国教科文组织的"文明突触工程"正在卢旺达基加利大屠杀纪念馆铺设全息神经网，参观者可以瞬间切换加害者、幸存者与维和士兵的认知视角；加纳海岸角的"记忆之港"用生物传感器记录每位体验者的脉搏曲线，当情绪峰值超过阈值，系统会自动注入抵抗运动领袖的全息影像。这些尝试超越了传统教育的范畴，正在构建全球创伤记忆的免疫系统。更激进的实验发生在宇宙尺度的文明对话中：玛雅天文台的数字分身与贵州"天眼"射电望远镜建立了量子纠缠，对比着人类与可能存在的地外文明认知星辰的方式；良渚水坝的工程数据被输入火星殖民模拟器，测试着地球文明在异星环境下的传承韧性。在这些跨时空的对话中，历史教育悄然蜕变为文明存续的沙盘推演。

这场变革最终指向人类存在的哲学本质。硅谷的"数字祖先计划"将爱因斯坦的思维模式转化为可交互算法,巴黎的实验室正在为数字化的戴高乐构建决策模型。当学生向虚拟孔子请教区块链时代的伦理困境,当脑机接口允许当代人与古雅典哲人进行神经对话,我们不得不思考:这是文明的永生还是思想的桎梏?在上海交通大学的"四维史观观测窗"前,学生同时目睹秦始皇统一文字、宗教改革撕裂欧洲、元宇宙宪法签署三个时空的因果纠缠,这种超越线性时间的认知能力,或许正是人类突破碳基生物局限的关键。历史教育不再只是回望过去的镜子,而成为了锻造未来文明的熔炉——当我们的后代在量子计算机中模拟三百种人类终结的场景,在数字废墟中反复重生文明火种,他们书写的将不再是地球某个角落的编年史,而是整个物种在星辰间的生存史诗。

站在文明演进的悬崖边缘回望,数字技术赋予历史教育的不仅是教学手段的革新,更是重新定义人类时空认知的钥匙。那些在区块链上永生的记忆碎片,在元宇宙中重生的古代城邦,在量子纠缠中对话的文明基因,正在编织成覆盖全球的神经脉络。当某个非洲少年通过虚拟现实目睹郑和宝船劈开印度洋的浪涛,某个北欧少女在数字方舟中封存对千年后人类的警示,他们参与的不再是地域性的知识传承,而是整个人类物种的集体进化。历史教育最终展现的本质,或许正如敦煌壁画在光子级扫描下显现的隐秘纹路——那是无数时代的精神基因,在数字星火的照耀下,终将连缀成照亮宇宙的文明图谱。

# 附录

## 历史教学中经典数字资源案例分析

### 案例一："数字敦煌"项目

"数字敦煌"项目由中国敦煌研究院发起，旨在通过高精度的数字化技术，将敦煌石窟内的壁画、彩塑等文物以数字化形式呈现，实现文化遗产的永久保存与广泛传播。项目的目标是利用现代科技手段，打破时间和空间的限制，让更多人能够深入了解敦煌文化的历史背景和艺术价值。

项目采用了多种先进的数字化技术，包括高分辨率数字摄影、3D扫描、虚拟现实（VR）和增强现实（AR）等。通过这些技术，敦煌石窟内的壁画和彩塑被精确地转化为数字图像和三维模型。例如，项目团队使用专业的数字摄影设备，对壁画进行多角度、高分辨率的拍摄，确保每一个细节都能被清晰地记录下来。同时，利用3D扫描技术，对彩塑和洞窟结构进行精确建模，为虚拟参观提供了逼真的基础数据。

"数字敦煌"项目为历史教学提供了丰富的教育资源。学生可以通过项目官方网站或相关应用程序，随时随地访问敦煌石窟的数字化资源。在线参观功能让学生仿佛置身于莫高窟之中，可以自由浏览各个洞窟，放大壁画细节，深入了解古代佛教艺术的发展历程。例如，学生可以仔细观察《九色鹿本生图》的绘画技法，分析其色彩运用和故事内容，感受古代艺术家的创造力。此外，项目还提供了丰富的背景资料和学术解读，帮助学生更好地理解敦煌文化的历史意义和艺术价值。

在某中学的历史课堂上，教师利用"数字敦煌"项目资源，开展了一堂关于古代佛教艺术的专题课。课前，教师通过项目网站下载了敦煌壁画的高清图片和相关背景资料，制作成多媒体课件。课堂上，教师通过投影仪展示壁画细节，引导学生观察和讨论。随后，教师组织学生使用平板电脑，登录"数字敦煌"应用程序，进行虚拟参观。学生在虚拟环境中自由探索，对感兴趣的壁画进行标注和记录。课后，学生根据参观体验，撰写了一篇关于敦煌壁画艺术特点的小论文，进一步巩固了所学知识。

"数字敦煌"项目不仅为历史教学提供了生动的素材，还促进了文化遗产的保护和传承。通过数字化手段，敦煌石窟的文化价值得以更广泛地传播，激发了学生对传统文化的兴趣和热爱。同时，项目也为其他文化遗产的数字化保护提供了宝贵的经验和借鉴，推动了文化与科技的深度融合。

### 案例二：故宫博物院数字展览

故宫博物院作为中国最重要的文化遗产之一，拥有丰富的历史建筑和文物资源。为了让更多人能够深入了解故宫的历史和文化，故宫博物院推出了多个虚拟展览平台，利用3D建模和虚拟现实（VR）技术，将故宫的宫殿建筑和文物展览以数字化形式呈现。项目的目标是通过现代科技手段，打破时间和空间的限制，让更多人能够体验故宫文化的独特魅力。

故宫博物院的数字展览项目采用了先进的3D建模和VR技术。项目团队对故宫的宫殿建筑进行了全方位的3D扫描，精确地还原了建筑的结构和细节。同时，利用VR技术，为观众提供了沉浸式的参观体验。例如，观众可以通过VR设备，仿佛置身于故宫的太和殿之中，近距离观察殿内的建筑装饰和文物陈列。此外，项目还开发了多个互动功能，如虚拟讲解、文物放大查看等，增强了观众的参与感和体验感。

故宫博物院的数字展览为历史教学提供了丰富的教育资源。学生可以通过项目官方网站或相关应用程序，随时随地访问故宫的虚拟展览。在虚拟展览中，学生可以自由浏览故宫的各个宫殿，了解其建筑结构和历史背景。例如，学生可以通过虚拟展览，深入了解故宫的中轴线布局，感受中国古代皇家建筑的宏伟与庄严。同时，展览还提供了丰富的文物背景资料和学术解读，帮助学生更好地理解文物的历史价值和文化内涵。

在某中学的历史课堂上，教师利用故宫博物院的数字展览资源，开展了一堂关于中国古代皇家文化的专题课。课前，教师通过项目网站下载了故宫宫殿建筑和文物的高清图片和相关背景资料，制作成多媒体课件。课堂上，教师通过投影仪展示故宫的建筑细节，引导学生观察和讨论。随后，教师组织学生使用平板电脑，登录故宫博物院的数字展览应用程序，进行虚拟参观。学生在虚拟环境中自由探索，对感兴趣的文物进行标注和记录。课后，学生根据参观体验，撰写了一篇关于故宫文物历史价值的小论文，进一步巩固了所学知识。

故宫博物院的数字展览项目不仅为历史教学提供了生动的素材，还促进了故宫文化的传播和传承。通过数字化手段，故宫的历史和文化价值得以更广泛地传播，激发了学生对传统文化的兴趣和热爱。同时，项目也为其他文化遗产的数字化保护提供了宝贵的经验和借鉴，推动了文化与科技的深度融合。

**案例三：中国知网历史文献数据库**

中国知网是中国最大的学术文献数据库之一，提供了丰富的历史文献和学术研究成果。为了满足教师和学生对高质量历史教学资源的需求，中国知网不断更新和优化其历史文献数据库，提供最新的历史研究动态和前沿观点。项目的目标是通过提供权威、丰富的历史文献资源，支持历史教学和研究，促进学术交流和知识传播。

中国知网采用了先进的信息技术，确保历史文献数据库的高效运行和数据安全。项目团队对大量的历史文献进行了数字化处理，包括古籍善本、学术论文、历史档案等。通过专业的检索系统，用户可以快速查找和获取所需的文献资源。例如，用户可以通过关键词、作者、时间范围等条件进行检索，获取相关的学术论文和历史文献。同时，中国知网还提供了多种阅读和下载方式，方便用户使用。

中国知网的历史文献数据库为历史教学提供了丰富的教育资源。教师和学生可以在数据库中查找最新的历史研究动态和前沿观点，深入了解历史事件的多方面影响。例如，学生可以通过数据库查找关于古代战争、经济发展的研究论文，分析不同学者的观点和研究方法，拓宽自己的学术视野。同时，数据库还提供了丰富的教学参考文献和学术资料，帮助教师更好地备课和开展教学活动。

在某中学的历史课堂上，教师利用中国知网的历史文献数据库，开展了一堂关于中国古代经济发展的专题课。课前，教师通过数据库查找了相关的学术论文和历史文献，制作成多媒体课件。课堂上，教师通过投影仪展示文献中的数据和图表，引导学生分析古代中国经济发展的特点和趋势。随后，教师组织学生分组讨论，每组选择一个具体的历史时期，查找相关文献，撰写一篇关于该时期经济发展的研究报告。课后，学生根据讨论结果，进一步完善研究报告，并在班级内进行展示和交流。

中国知网的历史文献数据库为历史教学提供了权威、丰富的资源支持，促进了历史教学的学术化和专业化。通过提供最新的历史研究动态和前沿观点，激发了学生对历史研究的兴趣和热情，培养了学生的学术素养和研究能力。同时，项目也为历史教师提供了丰富的教学参考文献和学术资料，支持教师更好地开展教学和研究工作，推动了历史教育的发展。

### 案例四："历史文化名城的数字化保护与开发"项目

某中学开展了"历史文化名城的数字化保护与开发"跨学科项目，参与学科包括历史、信息技术、艺术和地理。历史教师带领学生研究历史文化名城的发展历程、文化特色和历史遗迹；信息技术教师指导学生运用数字摄影、三维建模、地理信息系统（GIS）等技术对历史建筑和文化景观进行数字化采集与建模，并开发了基于网络平台的历史文化名城虚拟游览系统；艺术教师组织学生进行历史文化主题的绘画、摄影创作，并参与虚拟游览系统的界面设计和艺术氛围营造；地理教师则从城市地理环境、区位优势等方面分析历史文化名城的形成与发展，并将地理信息融入到数字化展示中。通过该项目，学生不仅深入了解了历史文化名城的丰富内涵，还掌握了多种数字技术和艺术创作方法，提升了综合素养，同时该项目成果也为当地历史文化名城的保护与旅游开发提供了有益参考。

**案例五："世界历史中的科技创新与文化传播"课程**

某中学设计了"世界历史中的科技创新与文化传播"跨学科课程，整合历史、物理、语文和信息技术等学科知识。在课程教学中，历史教师讲述世界历史不同时期的科技创新成果及其对文化传播的影响；物理教师介绍相关科技创新的原理和技术细节，如古代中国的造纸术、印刷术，近代欧洲的蒸汽机、电力技术等；语文教师引导学生阅读相关历史文献、科技著作和文学作品，体会科技创新背后的文化内涵和人文精神；信息技术教师组织学生利用数字资源制作科技文化传播的演示文稿、视频动画等作品，并通过网络平台进行交流分享。该课程通过跨学科教学，使学生从多学科视角理解世界历史中科技创新与文化传播的相互关系，培养了学生的跨学科思维和创新能力。

## 数字赋能历史教学的政策解读

在数字化时代浪潮的席卷下，教育领域的数字化转型进程不断加速。一系列政策文件为数字赋能历史教学指明方向，助力其迈向新的发展阶段。

2023年5月，教育部印发的《基础教育课程教学改革深化行动方案》

着重强调，要充分利用数字化赋能基础教育，推动数字化在拓展教学时空、共享优质资源、优化课程内容与教学过程等方面的广泛应用，构建数字化背景下的新型教与学模式。其中明确要求，各地要完善线上线下融合教学资源建设与应用机制，鼓励教师利用数字技术创新教学方式，开发丰富多样的数字化历史教学资源，如历史故事微视频、互动式历史地图等，以满足不同学生的学习需求。

此外，《教育信息化2.0行动计划》提出，到2022年基本实现"三全两高一大"的发展目标，即教学应用覆盖全体教师、学习应用覆盖全体适龄学生、数字校园建设覆盖全体学校，信息化应用水平和师生信息素养普遍提高，建成"互联网＋教育"大平台。这一目标的实现，为数字技术深度融入历史教学提供了坚实的基础。在历史教学场景中，学校可以借助数字校园平台，整合历史教学资源，打造集教学、学习、评价于一体的数字化历史教学环境，实现历史教学的智能化管理与精准化教学。

《关于加强新时代中小学科学教育工作的意见》虽然重点聚焦科学教育，但其中强调的利用数字技术提升学生科学思维和创新能力的理念，同样适用于历史教学。例如，鼓励教师运用数字化工具开展历史探究活动，引导学生通过大数据分析、历史模拟软件等手段，深入探究历史事件的因果关系和发展规律，培养学生的批判性思维和创新能力。

政策的落地实施，需要学校、教师和学生的共同努力。学校要加强数字化基础设施建设，依据《中小学校数字校园建设规范（试行）》的标准，配备先进的多媒体教学设备、高速网络设施以及功能完备的教学管理平台，为数字赋能历史教学提供硬件支持；教师要积极提升自身的数字素养，通过参加相关培训、教研活动，掌握数字教学工具的使用方法，依据《教师数字素养》标准，不断提升教学设计、教学实施和教学评价等方面的数字化能力，创新教学方式；学生则要积极适应数字化学习环境，主动利用数字资源进行学习，培养自主学习和终身学习的能力。

数字赋能历史教学是教育发展的必然趋势，符合相关政策的导向。它为历史教学带来了新的活力和机遇，有助于提升历史教学的质量和效果，培养学生的历史思维和综合素养。在未来的发展中，我们应不断探索数字技术在历史教学中的深度应用，让历史教学在数字化的推动下迈向新的高度。

## 历史教学数字工具使用指南

### （一）在线资源平台

特点：拥有海量的历史资料，包括历史文献、图片、视频、音频等，且资料来源广泛，涵盖国内外多个历史时期和领域。资源更新速度快，能及时反映最新的历史研究成果和学术动态。

代表平台：

①国家教育资源公共服务平台：历史学科资源板块提供丰富优质课程、教学案例与素材，方便教师获取多样化教学资源。

②中国国家数字图书馆：收藏大量珍贵历史文献和古籍，供师生在线查阅，为深入研究历史提供权威资料。

③World History Archive：国外知名在线历史资源平台，提供全球历史资料，涵盖不同国家和地区的历史文化，有助于拓宽历史教学视野。

## （二）教学辅助软件

特点：具有教学设计、课堂管理、教学评价等多种功能，能够帮助教师优化教学流程，提高教学效率。部分软件还支持个性化教学，根据学生的学习情况提供针对性的学习建议和练习。

代表软件：

①希沃白板：集课件制作、互动教学、资源管理等功能于一体，教师可制作生动课件，开展互动式教学活动，如投票、抢答等，活跃课堂气氛。

②ClassIn在线教室：支持多人实时互动，可实现远程教学、分组讨论等功能，为历史教学提供灵活教学场景，尤其适用于线上教学。

③Edmodo：国外流行的教学辅助软件，教师可在平台上发布教学资料、布置作业、组织讨论，方便与学生互动交流，促进教学管理。

## （三）虚拟现实（VR）/增强现实（AR）技术

特点：能够将历史场景、文物等以沉浸式的方式呈现给学生，让学生身临其境地感受历史，增强学习的趣味性和体验感。打破了时间和空间的限制，使学生能够近距离观察和了解历史事物。

应用案例：

①Google Arts & Culture：该平台利用VR技术，让学生可以虚拟参观世界各地的历史博物馆和文化遗址，如故宫、大英博物馆等，直观感

受历史文物和建筑的魅力。

②AR历史地图：通过手机或平板电脑，将历史地图以AR形式呈现，学生可以点击地图上的标记，获取详细的历史信息，如历史事件的发生地点、时间和背景等。

### （四）历史学习类APP

特点：便捷性高，学生可随时随地利用碎片化时间进行学习。内容形式多样，以趣味性的方式呈现历史知识，吸引学生的学习兴趣。部分APP还设置了互动社区，方便学生之间交流学习心得。

代表APP：

①历史喵：以生动有趣的漫画和故事形式讲述历史，让学生在轻松愉快的氛围中学习历史知识，激发学生对历史的兴趣。

②全历史：通过图谱、时间轴等多种方式展示历史知识，帮助学生构建完整的历史知识体系，同时提供历史人物、事件的详细介绍。

③每日故宫：每天推送一款故宫文物，配以详细的文字介绍和语音讲解，让学生了解文物背后的历史文化，提升学生的历史文化素养。

## 历史教学数字工具的使用方法

### （一）备课阶段

利用在线资源平台收集资料：教师根据教学内容，在国家教育资源公共服务平台、中国国家数字图书馆、World History Archive等在线资源平台上搜索相关的历史文献、图片、视频等资料，为教学设计提供丰富的素材。例如，在讲解"美国独立战争"时，教师可在World History Archive上搜索美国独立战争时期的地图、文献和相关视频资料，使教学内容更加丰富全面。

使用教学辅助软件进行教学设计：借助希沃白板、Edmodo等教学辅助软件，教师可以整合教学资源，制作精美的课件。在课件中插入图片、音频、视频等元素，设置互动环节，如课堂提问、小组讨论等，提高课堂教学的趣味性和互动性。同时，利用软件的备课功能，教师还可以与其他教师进行在线交流和协作，分享教学经验和教学设计。

## （二）课堂教学阶段

运用教学辅助软件开展互动教学：在课堂教学中，教师可利用希沃白板的互动功能，如投票、抢答、拼图等，激发学生的学习兴趣，活跃课堂气氛。例如，在讲解历史事件的因果关系时，教师可以通过希沃白板的思维导图功能，引导学生梳理历史事件的发展脉络，培养学生的逻辑思维能力。

借助VR / AR技术增强教学体验：对于一些难以通过文字和图片理解的历史内容，教师可以运用VR / AR技术进行教学。例如，在讲解"古代罗马建筑"时，利用Google Arts & Culture的VR功能，学生可以虚拟参观罗马斗兽场、万神殿等建筑，直观感受其建筑风格和结构特点，增强对历史知识的理解和记忆。

使用历史学习类APP进行拓展学习：教师可以推荐学生使用"历史喵""全历史""每日故宫"等历史学习类APP，让学生在课后进行拓展学习。学生可以通过APP观看历史故事、参与历史知识问答、了解文物背后的历史文化等活动，巩固课堂所学知识，拓宽历史知识面。

### （三）课后辅导与评价阶段

利用教学辅助软件进行作业布置与批改：教师可通过教学辅助软件布置多样化的作业，如在线测试、历史小论文、历史资料分析等，并利用软件的自动批改功能，快速了解学生的学习情况，及时发现学生存在的问题。同时，软件还可以根据学生的作业情况，生成详细的学情分析报告，为教师的教学调整提供依据。

借助在线资源平台和APP进行个性化辅导：针对学生在学习过程中遇到的问题，教师可以利用在线资源平台和历史学习类APP为学生提供个性化的辅导。例如，教师可以在平台上搜索相关的历史资料，为学生解答疑惑；学生也可以在APP的互动社区中向教师和其他同学请教问题，共同探讨历史知识。

## 历史教学数字工具使用的注意事项

### （一）合理选择数字工具

教师应根据教学目标、教学内容和学生的实际情况，合理选择数字工具。不同的数字工具具有不同的特点和优势，教师要充分了解各种数字工具的功能，选择最适合教学需求的工具。例如，在讲解历史事件的过程时，使用时间轴类的数字工具能够帮助学生更好地理解历史事件的先后顺序；而在培养学生的历史思维能力时，选择具有数据分析功能的数字工具则更为合适。

## （二）避免过度依赖数字工具

虽然数字工具为历史教学带来了诸多便利，但教师不能过度依赖数字工具。在教学过程中，教师仍应发挥主导作用，注重引导学生进行思考和探究。数字工具只是教学的辅助手段，不能替代教师的讲解和学生的自主学习。例如，在利用VR/AR技术进行教学时，教师要引导学生观察和思考，帮助学生理解历史现象背后的本质。

## （三）确保数字资源的准确性和可靠性

在使用在线资源平台和数字工具获取教学资源时，教师要注意确保资源的准确性和可靠性。由于网络上的信息繁杂，部分资源可能存在错误或片面的观点。教师要对获取的资源进行仔细筛选和甄别，选择权威的历史资料和研究成果，避免给学生传递错误的历史信息。

## （四）关注学生的数字素养培养

数字工具的有效使用离不开学生的数字素养。教师在教学过程中，要关注对学生数字素养的培养，引导学生正确使用数字工具进行学习。例如，教师可以开展数字素养培训课程，教导学生如何在网络上搜索和筛选信息、如何利用数字工具进行学习和创作等，提高学生的数字应用能力。

# 参考文献

[1] 教育部.教育信息化2.0行动计划[Z].北京：中华人民共和国教育部，2018.

[2] 何克抗.信息技术与课程深层次整合理论[M].北京：北京师范大学出版社，2008.

[3] 故宫博物院.数字故宫[DB/OL].[2023-08-20].https://www.dpm.org.cn/.

[4] 中国知网.中国基础教育文献资源总库[DB/OL].[2023-08-20].https://www.cnki.net/

[5] 王竹立.数字时代的学与教[M].北京：高等教育出版社，2020.

[6] 雷·汤姆林森.电子邮件系统的早期发展[J].计算机发展史，2001(3)：45-52.

[7] 蒂姆·伯纳斯-李.万维网的诞生与发展[M].伦敦：牛津大学出版社，2000.

[8] 朱永新.未来学校：重新定义教育[M].北京：中信出版社，2019.

[9] 国家图书馆."中国记忆"工程项目[DB/OL].[2023-08-20].http://www.nlc.cn/cm

[10] 辛德勇.历史地理学研究方法[M].北京：商务印书馆，2015.

[11] 彭勇.明史研究新探[M].北京：中华书局，2018.

[12] 张剑光.唐代社会与文化研究[M].上海：上海古籍出版社，2016.

[13] 吴军.智能时代：5G、IoT构建超级智能新机遇[M].北京：中信出版社，2020.

[14] 赵勇.虚拟现实与教育创新[M].北京：科学出版社，2017.

[15] 黄荣怀.混合式学习的理论与实践[M].北京:高等教育出版社,2019.

[16] 陈丽.在线教育原理与应用[M].北京:北京师范大学出版社,2021.

[17] 大英博物馆.全球数字文化遗产项目[DB/OL].[2023-08-20].https://www.britishmuseum.org/

[18] 李吉林.情境教学的理论与实践[M].北京:人民教育出版社,2006.

[19] 杨宗凯.教育数字化转型:路径与策略[J].中国电化教育,2022(1):1-8.

[20] 王陆.大数据驱动的精准教学研究[J].电化教育研究,2020(5):12-18.

[21] 顾小清.学习分析技术:教育数据挖掘与可视化[M].上海:华东师范大学出版社,2018.

[22] 钟启泉.核心素养与课程改革[M].上海:华东师范大学出版社,2016.

[23] 马化腾等,数字经济:中国创新增长新动能[M].北京:中信出版社,2017.

[24] 中国教育科学研究院.中国教育信息化发展报告(2022)[R].北京:教育科学出版社,2022.

[25] 周洪宇.互联网+教育:中国基础教育大数据[M].武汉:湖北教育出版社,2016.

[26] 余胜泉.人工智能与未来教育变革[J].开放教育研究,2019(4):25-32.

[27] 维基百科.中文历史词条[DB/OL].[2023-08-20].https://zh.wikipedia.org/.

[28] 敦煌研究院.数字敦煌项目成果汇编[R].兰州:敦煌研究院出版社,

2021.

[29] 王炳林.历史教学中的数字资源开发与应用[J].历史教学问题，
2021(2)：56-61.

[30] 清华大学教育研究院.元宇宙与教育场景重构研究[R].北京：清华大学
出版社，2023.